心，才是幸福的關鍵

濟群法師 著

金翅鳥

目錄

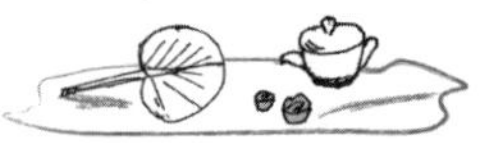

序言

當你打開這本書的時候，你會在哪裡呢？

是獨自坐在候機廳巨大的落地玻璃窗前？還是在飛馳的列車上？是在春天的花樹下、溪水邊，還是在黃昏時刻寧靜的書房？

如果你有智者的洞見，就會清晰的看到——此時此刻，無論你身處何方，你已經迎來了人生極為重要的一個高光時刻。甚至在多年後回想起來，你還會感覺到，仿佛有一束光打到身上，心中春風送暖，花開遍地，人也情不自禁嘴角上揚，你會為自己慶幸，在這一天與一本書、一個人的相逢，是人生旅途中多麼美好溫馨的經歷。

法師洞悉心靈祕密，他會帶領著你，敞開胸懷，探尋心的世界。

心，才是幸福的關鍵——

就像流水要有源頭，樹木要有根系，幸福也需要有心的基礎。

人活在哪裡？其實是活在自己的念頭中，活在一種心理狀態中。我們不瞭解自己，可又非常在乎自己，結果就會產生錯誤認定，把種種不是「我」的東西當做是「我」。這是人生最大的誤解，也是一切煩惱痛苦的根源。因為我們看到的都是心靈的雲彩，卻從來沒有見過像虛空一樣的心；從來都不知道，雲彩背後的，才是生命的本來面目。

當我們把念頭當做「我」的時候，就會被念頭所糾纏，使之成為生命的主宰，就像滾滾烏雲，遮蔽了整個天空。但我們要知道，念頭終究是虛妄的，是沒有根的。如果我們對念頭保持觀照，保持距離，它就無法影響我們了。

法師的語言親切生動、深入淺出，適宜廣大讀者閱讀。你很輕鬆就能透過現象，發現事物的本質；你能掌握更多使生活變得美好的方法；也能愉快的影響別人，讓周圍人的生活也變得好起來。事實上，這樣的事例數不勝數。

你說什麼才是幸福的關鍵？是財富嗎？是地位嗎？許多人雖然擁有幾輩子都用不完的財富，可就是過得不幸福，因為在追求財富的過程中，把自己弄丟了，把心做壞

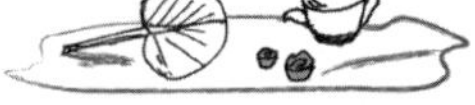

了，也就失去了幸福的能力。所以，今天的人，找回自己，提升心理素質，才是人生幸福的關鍵。

法師以眾生之心為心，以眾生之境為境，隨緣說法。讀他的書，有著無盡意趣，如圍爐夜話，落雪聽禪，你會覺得周圍的空氣裡都洋溢著寂靜安詳，有一股清流在你的心中，在你的世界潺潺流淌，清澈明快。

在全球化到來的今天，面對瞬息萬變的社會，心理素質顯得尤為重要。閱讀這本書，可以幫助你解除焦躁不安的心，開啟內心寧靜祥和的力量。你會找到自在、喜悅、無限廣闊的你自己，這是你本來具有的能力。就像一個泉眼，當你把遮擋它的石頭、雜草、汙泥全部清理之後，清泉就會汩汩而來。

如經說：「虛空生汝心中，猶如片雲點太清裡」「不知色身外洎山河虛空大地，咸是妙明真心中物」；我們平常的人都是活在心念中，一種想法，一個情緒，就會成為你的整個世界。豈不知心的本質即是宇宙的本質。心包太虛，量周沙界。如果能夠認識到心的無限性，就有能力擺脫各種念頭和情緒的困擾。

法師慈悲，常無懈倦，恆求善事，利益一切。他有著無限的方便善巧，經由他的開示，讓人覺得佛法不再是莫測高深的哲理；經由他的開示，其實佛法就是一種人人可以學習掌握的極為樸素的生活智慧。

讀法師的書，是世間美好的享受，就像一個人身處暗室，苦苦參究，全然不知過去了多少歲月。在一個尋常的夜晚，你無意推開門，卻忽然看見明月在天，星河璀璨，大地纖塵不染。而你胸懷灑落，如光風霽月。這亙古的澄明，你一旦看見了，終生不會忘記。

最後，祝你心地光明，自在歡喜。

雲開（文字工作者）

二〇二〇年二月

1

心靈創造幸福

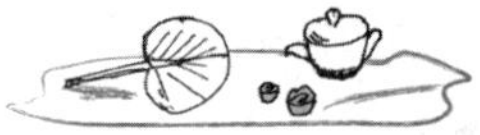

很高興看到這麼多人來參加關於幸福的講座，可見這個內容很有吸引力。前些年，央視曾就此向數千個不同地區、年齡、行業者進行採訪，一時間，「你幸福嗎」成了熱門話題。這個調查和種種出人意料的回覆，從不同側面反映了很多人對幸福的茫然。比如諾貝爾獎得主莫言的回答是「我不知道」，這個答案是作家的迴避或調侃嗎？他接著的解讀是：「我現在壓力很大，憂慮重重，能幸福嗎？但我要說不幸福，那也太裝了吧。剛得諾貝爾獎能說不幸福嗎？」

可以說，這也代表了很多人說到「幸福」時的共同感受：我們的生活條件提高了這麼多，沒理由說不幸福，可為什麼就感受不到幸福呢？到底哪裡出了問題？在過去的窮苦年代，我們把希望寄託在物質改善，以為有錢就能幸福。甚至對不少人來說，能吃飽穿暖就是莫大的幸福。但當越來越多的人富起來之後，當我們擁有的早已超出溫飽之需，幸福卻和我們捉起了迷藏。

幸福在哪裡？錢帶來了暫時的滿足，但這種愉悅如此短暫，隨之而來的，還有攀比和競爭。看到別人有更多的錢，更優越的生活，滿足就變成了不滿足，甚至帶來了嫉妒和瞋恨。而我們期待的幸福，卻像天邊的雲彩，可望而不可即。可見，幸福遠非我們曾經以為的那麼簡單，更不是擁有財富、改善生活之後的必然結果。

為什麼我們有了那麼多，還是得不到幸福？這就涉及另一些問題：幸福到底是什麼？幸福是特定條件下的假象，還是代表生命本質的存在？什麼阻礙了我們獲得幸福？或者說，幸福的最大殺手是什麼？如果幸福只是一種暫時的假象，追求幸福豈不成了水中撈月，註定是一場不可企及的幻想？

如果不解決這些問題，我們對幸福的追求，必然是模糊而一廂情願的。答案在哪裡？事實上，它取決於我們對幸福的認識深度，而這個深度又取決於我們對生命乃至人生意義的認識。生命包括兩個層面，一是物質層面，二是心靈層面。那麼，生命的本質是什麼？悲觀主義哲學認為，生命本身充滿荒謬和痛苦。如果這樣的話，我們追求幸福的意義在哪裡？佛法又是怎樣看待生命的本質？

今天講座的題目是「心靈創造幸福」，我想從以下幾方面提供一些想法。

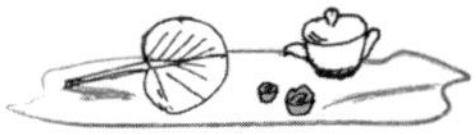

一、如何面對逆境

不接納，痛苦的放大器

人生不如意事十之八九。生活中，常常有信眾來傾訴他們的不幸遭遇。包括健康問題，比如自己患有疾病乃至絕症；生死問題，比如親朋好友突然去世；家庭問題，比如兒女教育、夫妻感情等等。此外，還有人際關係、事業發展、天災人禍帶來的種種困擾。應該說，每個人或多或少地遇到過這些問題，只是方式和程度有所不同。很多人本來按部就班地生活著，一旦遭遇逆境，就方寸大亂，一蹶不振，使人生陷入煩惱，甚至使整個家庭落入痛苦的深淵。

如果客觀分析，一個人或一件事的變故，未必能摧毀我們的生活。那麼，究竟是什麼讓人如此痛苦，如此絕望？真正的原因，往往在於當事人的不接納，而不是逆境本身。我們總是想不通，自己怎麼會遇到這樣的事！於是怨天尤人，抱怨社會不公，指責老天無眼。正是這種不接納，把原來的那點痛苦不斷放大。可以說，我們的抗拒多少，由此而來的痛苦就有多少。

為什麼我們無法接納變化？關鍵在於內心有一種恆常的設定。這種設定是以自我需要為中心的，覺得我的身體應該永遠健康，我的家人應該不離不棄，我的朋友應該無比忠誠，我的事業應該一切順利。我們甚至會暗暗覺得：像我這麼好的人，所有天災人禍可以發生在別人身上，但不應該發生在我身上。

有了這份恆常的設定，我們還會執著於此，進而形成依賴，不希望它有任何變化。因為變化就意味著失去依賴，意味著現有的平衡被打破。所以，一旦生活中出現不如意，就會因抗拒引發焦慮、不安、恐懼，甚至瞋恨、憤怒等破壞性的情緒。

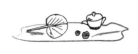

我們希望生活健康、婚姻美滿、家庭幸福、事業順利，希望一切都在穩定的狀態下，感覺那才是幸福。但這個世界並不像我們以為的那麼穩定，事實上，它時刻都處在無常變化中。如果不能正確面對逆境，人生就會充滿隨時可能引爆的定時炸彈。

接納，轉化的智慧

為什麼不同人面對同樣的境界時，會有截然不同的處理方式？關鍵就在於是否接納。如果我們有接納現實的能力，即使面對逆境，也能處之泰然，積極應對，而不會對內心造成任何痛苦煩惱。如何具備這一能力？首先要從內心正視「無常」。事實上，這才是世界的真相所在，就像春夏秋冬，花開花落。

而所謂的永恆，只是我們的幻想和期待，是和世界真相不符的。在三法印中，就以「諸行無常」為首。這是佛法的核心教義，也是宇宙人生的發展規律，告訴我們：從內在身心到外在世界，一切都處在剎那剎那的變化中。也就是說，這種變化從不停息，哪怕任何一個極短的瞬間，都在不停地變化。就像蘋果，不是在某個特定時刻腐爛的，而是在它看似完好時就趨於敗壞了。人生也是一樣，從我們出生的那天起，沒有一刻不在生滅變化中，沒有一刻不在走向死亡。

變是正常的，不變只是相對的。中國古代《易經》所揭示的，也是關於變化的原理。如果我們真正認識無常，就能坦然接納生活中的一切變化，因為它本來如此。那樣的話，任何逆境都不會對我們造成傷害了。

關於接納，佛陀在《雜阿含經》中以「兩支毒箭」為我們作了開示。第一支毒箭，是被箭射中時的身苦，也代表我們遭遇的各種逆境；第二支毒箭則是由此帶來的心苦。當我們被第一支毒箭射中，痛苦已經發生時，要及時止損，避免繼續被第二支毒箭射中。事實上，這是比之前更嚴重、更持久的傷害。

比如有人打罵你，不過是一時的傷害，但你對此懷恨在心或念念不忘的話，就會

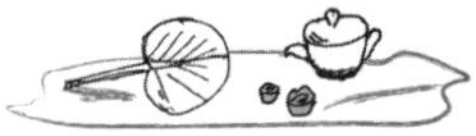

長久地陷入負面情緒，持續幾天、幾個月甚至幾十年，這才真正可怕。反之，如果你能接納，傷害就到此為止，不會進一步發展。但我們也要知道，接納不等於認同，更不是縱容，所以事後可以根據對方的情況，以適合的方式進行教育。其目的也是為了跟對方說明，而不是自己要論輸贏，爭對錯。

除了無常，佛教所說的因緣因果也可以幫助我們接納逆境。對於證果的聖者來說，即使遭受極大的身苦，哪怕因此失去生命，都不會悲傷怨恨，由身苦引發心苦。因為他們知道，這種身苦是眾緣和合導致的，當結果已經發生時，就要坦然接納，否則就是在繼續製造新的苦因。

佛法認為，任何事情都不是偶然的，都有它的前因後果。比如現在身體不好，可能是因為飲食不健康，生活沒規律，也可能是因為缺乏運動，疏於調理，或是殺業造得太多，諸如此類，都是影響健康的因素。再如人際關係，很多時候，我們會責備身邊的人，覺得都是別人不好。其實，這往往和自己的設定或處世方式有關，不會站在別人的角度考慮問題，衝突就在所難免。

學佛是幫助我們在任何一件事發生時，去尋找它的原因，然後從調整自身下手。通過因上的努力來改變結果，而不是一味責怪環境，責怪對方。此外，佛教非常重視「懺悔」的修行，就是通過對自己的檢討，改過自新，進而影響別人。

有不少人通過學佛，使家庭和工作中的人際關係得到很大改善，夫妻相敬如賓，父子上慈下孝，同事和睦相處，這樣的例子不勝枚舉。為什麼能有這些效果？就是在學佛之後，懂得向內觀照，自我反省。當一個人發現自己的不足和缺點時，就不會一味指責他人，使關係更加對立。隨著這樣的改變，身邊人也會發生改變，乃至整個環境都在隨之改變。因為這就是正能量的傳遞。

當我們能如實接納一切境界時，還有什麼會讓你受到傷害，讓幸福打了折扣呢？

讓逆境成為修道助緣

其實，逆境對人生來說未必是壞事。古代有個成語叫「塞翁失馬，焉知非福」，此外，《老子》也告訴我們：「禍兮福之所倚，福兮禍之所伏。」福，如果不知善

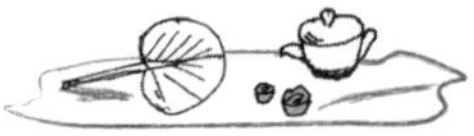

用，會成為災難的溫床，墮落的資本；禍，如果善於轉化，也會成為全新的起點，勵志的動力。

我們在生活中常常可以看到，有人在順境中沉淪了，也有人在逆境中成長了。那些身陷囹圄的官員們，都曾身居高位，風光無限，結果為所欲為，淪為階下之囚，這就是「福兮禍之所伏」的真實寫照。對人生來說，順境有時會成為麻醉劑，讓人忘乎所以，而逆境反而能讓我們更加清醒，對人生的思考更加深刻。

所以說，正確面對逆境，接納逆緣，既可以避免無謂的煩惱，也有助於人生的歷練和成長，更能成為修行的增上緣。反之，如果不能接納，一味抗拒，逆境非但不會就此遠離，還會讓我們沉溺在痛苦中，難以自拔。

二、幸福要有福

五福臨門

就像流水要有源頭、樹木要有根系那樣，幸福也需要有福報的基礎。中國古代有句非常吉祥的話，叫「五福臨門」。所謂五福，即長壽、富貴、康寧、好德和善終，包含了構成幸福的各個因素。

首先是長壽，古代醫療條件有限，人們往往會因一些並不致命的疾病早夭，能夠頤養天年，安然享有人生，可謂人生重要的福報。

其次是富貴，包括富和貴兩部分。富是指財富，能夠生活無憂，精神富足；而貴是指地位尊貴，品行高尚，受到世人的恭敬。

第三是康寧，即身體健康，內心安寧，這點非常重要。雖然人人都在追求幸福，但我們的追求往往偏向外在的財富和地位，而康寧是現代人普遍缺乏的。我經常說：

「身心健康是人生的第一財富，修身養性是人生最有價值的投資。」如果沒有健康的身心，就像一艘四處漏水的破船，無論裝飾得多麼華麗，也沒有多少意義。如果沒有健康的身體，整日纏綿病榻，生不如死，即使再富有，地位再高，有幸福可言嗎？沒有健康的心靈更是麻煩。現代人最大的特點，就是浮躁、混亂、不得安寧。曾經有首流行歌曲，叫「最近有點煩，有點煩，有點煩……」這個無處不在的「煩」，正是很多人的真實寫照。其實，「煩惱」一詞就來自佛教。煩是擾的意思，惱是亂的意思，煩惱就是擾亂內心安寧的因素。一旦陷入煩惱和負面情緒時，幸福就被自動遮罩了。因為幸福是一種感覺，當內心被煩惱佔據，幸福就沒有立足之地了。哪怕你擁有別人豔羨的富貴榮華，也不會帶來幸福感。因為在你心中，它們都被煩惱打上了烙印。只有當內心沒有煩惱，像一片無雲晴空時，幸福才會不請而至。所以，解除煩惱才能身心自在，這是幸福的重要前提。

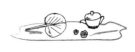

此外，古人把好德列為五福之一，很有意義。隨著道德教育的缺失，很多人對道德不以為然，甚至將道德行為視為一種吃虧。這就涉及一個問題，道德對自身有多大意義，對社會有多大意義？德是德行，從外在來說，是待人處世的原則和素養，從內在來說，是健康、正向的心理因素。所以說，踐行道德就是在培養健康心理，鑄造健全人格，使我們的心靈充滿正能量。另一方面，一個有道德的人，更容易得到他人的認可和尊重，使福報可持續發展。可見對人生幸福而言，不論內因還是外緣，道德都是不可或缺的。

第五是善終。佛陀有十大名號，其中之一為「善逝」，就是能預知時至，生死自在。善終正是與此相似的美好願望，希望臨命終時身無病痛，心無掛礙，能安詳自在地離開人間，而不是突遇橫禍或久病在床。很多人對死亡是迴避而恐懼的，我們知道人必有一死，但心裡總覺得是別人的事。可迴避並不能阻擋死亡，恐懼也不能改變什麼，事實上，這只能令我們在死亡到來時措手不及。對現代人來說，越有錢，往往越不容易善終。因為有錢就不想死，最後全身插滿管子，在各種搶救中毫無尊嚴地離開世間。所以，認識並超越死亡，是佛教的重要修行。佛教史上，很多修行人不僅能預知時至，而且坐脫立亡，瀟灑自在，想怎麼死就怎麼死，為今生畫上一個圓滿的句

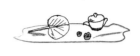

號。雖然一般人做不到這樣，但能不受折磨地安詳離去，於人於己都是很大的福報。所以，古人也把善終作為五福之一。

由此我想到，老年人的精神生活和臨終關懷正是當今中國的兩大問題。我們年輕時在社會打拼，感覺事業、金錢、享樂就是一切。可退休之後，當身體機能逐漸衰退，已不能享受多少物欲之樂，又該怎麼過日子？不少人晚年無所事事，既沒有信仰，也沒有精神生活，幾乎就在混吃等死。但因為對死亡的無知，又對這個即將到來的結局充滿恐懼。這在中國社會尤其突出。所以，一方面要有精神追求，一方面要正確認識死亡，接受生老病死的規律，老來才能過得充實而安然。佛教的臨終關懷就是對人進行心理疏導，讓人知道，今生只是生命長河的一個片段，當身體到了使用期限，帶著正向心念離去，才能在生命轉換時找到向上的出路。

總之，幸福是由諸多因素組成的，如果長壽而不康寧，富貴而無好德，或是最終不得好死，都算不上幸福人生。所以，追求幸福也要從這些方面著手，不僅擁有外在財富，還要身心健康，德行高尚。

要有福，先培福

那麼，一個人如何才能擁有這些福報？不是說你能力強，就一定有福。因為福報也有它的前因後果，所以佛教告訴我們，首先必須培植福田，主要是悲田、恩田、敬田三種。

悲田，就是慈悲普天下的勞苦大眾。他們需要快樂，可是沒有快樂；他們想擺脫痛苦，可是沒能力擺脫痛苦。如果我們從慈悲心出發，幫助他們獲得快樂，解決痛苦，就是在長養慈悲，耕耘悲田。慈善的本質是什麼？並不是簡單的捐獻或幫助，而是慈悲大愛。當我們本著慈悲大愛來捐獻或助人，才是實至名歸的慈善。否則，即使捐了再多錢，做了再多事，嚴格地來說，只是善行而已，不能稱為真正的慈善。也只有從慈悲心出發，我們所做的一切，才會源源不斷地產生福報。

恩田，就是對有恩於你的人，比如父母長輩、兄弟姐妹、親戚朋友，包括一切眾生，乃至山河大地，都懷著感恩心去回報。因為我們的生活離不開他人幫助，也離不

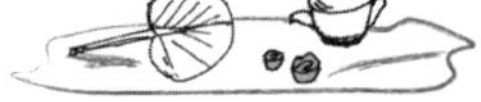

開日月天地，山川草木。正是因為這一切的存在，我們才能自在無憂地生活。所以，我們要以感恩心面對這一切，盡己所能地回饋他人，包括關愛社會，保護環境。當我們心懷感恩時，看到一切都會非常歡喜。感恩不僅是福報的源泉，本身就是一種健康、正向、讓人快樂的心理。在回饋的同時，自己當下就能受益。相反，如果不知感恩，總是帶著負面心理看問題，覺得誰都欠了你，結果只能讓自己痛苦。

敬田，是對有德者心生恭敬，包括我們的老師、宗教師，也包括社會上德高望重的人。我們平時在寺院看到佛像會頂禮，因為這些神聖場所本身就有加持力，當我們進入其中，身心會被攝受；另一方面，當你有一份虔誠和恭敬時，會讓自己的心得到淨化，變得清淨而調柔。而當我們無所畏懼時，則會肆無忌憚，使內心躁動而混亂。所以，帶著恭敬心面對有德者，才能與佛菩薩和善知識感應道交，得到正能量的加持。

耕耘福田，關鍵是建立三種心，即慈悲心、感恩心和恭敬心。這是產生福報的發電站，能源源不斷地制造福報，讓心靈越來越健康，生命越來越自在。我們有什麼樣的心，就會和什麼樣的境相應，可見，擁有什麼樣的心才是主導。就像前面所說，慈善的根本在於慈悲大愛之心。如果沒有這樣的心行基礎，捐獻也可能產生各種副作用。所以我們要培養愛心，讓世界有更多的慈悲，而不僅僅是號召一些有錢人捐錢。如果我們具足愛心，有了經濟條件固然可以對人施以援手；即使沒有經濟條件，也會盡己所能地幫助社會、利益他人，而不是做些損人害己之事。

我曾在講座中多次談到成功的問題。現代社會評價成功的標準，如富比世排行榜、胡潤百富榜等，只是根據擁有的財富進行評估，並沒有考慮做人的因素。如果一個人沒有慈悲、不懂感恩，也不知恭敬為何物，即使擁有再多的財富，也是不能帶來幸福的。所以，除了做事的成功，做人的成功更為重要，後者才是幸福的關鍵所在。總之，幸福絕不單純是以財富決定的，而是由綜合因素組成。其中，德行是基礎，身心健康是關鍵，外在條件是輔助。建立在這些基礎上的幸福，才是完整的。

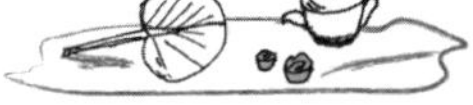

三、提高認識，智慧沒有煩惱

外境、心態和認識

幸福和人生觀有很大關係。西方的積極心理學，就是引導我們積極、正向地看待問題。從佛教角度來說，有什麼樣的認識，決定了我們會看到什麼樣的世界。因為我們眼中的世界，只是呈現在認識上的影像，是被個人感覺改造過的。

比如說，我們看到的世界和狗看到的世界一樣嗎？肯定不一樣。因為狗的認識和人不同，所以狗的見聞覺知自然也和人不同。除了感覺以外，我們還要受到情緒的影響。比如我們對那個人有好感，看他做什麼都順眼；對那個人很討厭，看他做什麼都不順眼。可見，擁有什麼樣的認識模式，對於每個生命非常重要。

我們的認識也會影響到心態。有個故事說，一位老阿婆整天哭泣，天晴天雨都要哭。別人問她哭什麼？她說：我有兩個女婿，一個做雨傘，一個做瓦片。天晴時，我想著做傘的女婿沒生意了，所以要哭；下雨時，我想著做瓦的女婿沒法幹活，所以也要哭。後來有位禪師對她說：你換個方式想，下雨就想著做傘的女婿，天晴就想著做瓦的女婿。阿婆自從調整認識之後，每天都樂呵呵的。這就說明了積極思惟和消極思惟的差別。

佛教既不是消極心理學，也不同於積極心理學，它給我們提供的，是一種如實、正向的思惟。所謂如實，就是和事實真相相符。佛教認為，人類的很多煩惱都和認識有關，這就需要調整觀念，改變認識，所謂「智慧沒有煩惱」。

古代很多文人士大夫都喜歡通過誦經來調心，這也是改變認識的過程。比如《金剛經》告訴我們：「一切有為法，如夢幻泡影，如露亦如電，應作如是觀。」在這個世界，從秦皇漢武到唐宗宋祖，所有這些輝煌，不過是因緣和合的假象，會隨著條件的聚合和消散而生滅。具備這樣的認識後，我們對現實世界就不會看得那麼重。一帆風順時，不至得意忘形，因為它未必長久；遭受挫折時，也不會受傷太深，因為它就會過去。有了這樣的認識和心態，就能在積極進取的同時，不為所累。

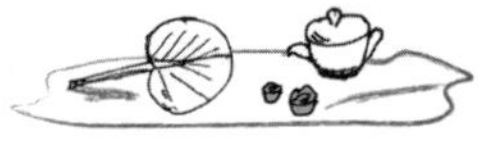

如實認識

佛教中，將凡夫的生命狀態概括為「無明」二字。什麼是無明？簡單地說，就像把房間的燈關掉，會一片漆黑。與此對應的則是「明」，代表智慧。佛法認為，每個人內心都有一盞智慧明燈。當這盞燈沒有點亮之前，生命會處在無明狀態，使我們看不清自己，看不清世界。

人活在哪裡？其實是活在自己的念頭中，活在一種心理狀態中。我們不瞭解自己，可又非常在乎自己，結果就會產生錯誤認定，把種種不是「我」的東西當做是「我」。其實，這是人生最大的誤解。因為我們看到的都是來來去去的雲彩，卻從來沒有見過那個虛空，從來都不知道，雲彩背後的，才是生命的本來面目。當我們把念頭當做「我」的時候，就會被念頭所糾纏，使之成為生命的主宰，就像滾滾烏雲，遮蔽了整個天空。但我們要知道，念頭終究是無自性的，是沒有根的。如果我們對念頭保持觀照，保持距離，它就無法影響我們了。

西方哲學有一句重要的名言：「認識你自己。」我們每天都在關注自己，在乎自己，心心念念都是為了自己，難道還不認識自己嗎？那麼，拋開所有的想法、概念、設定，當一切念頭都沒有活動之前，生命是什麼狀態？我們關注過嗎？所以，禪宗修行讓我們參「念佛是誰」，參「一念未生前本來面目是什麼」，參「父母未生前本來面目是什麼」。事實上，真正認識自己，就能明心見性了。

當我們對生命作智慧審視，不斷追問「我是誰」「什麼代表我的存在」，就會發現，曾經認定為「我」的一切，和我們只有暫時的關係。無論是身體、情緒，還是身份、財富，哪一樣是可以永遠擁有的？但我們因為無明和貪著，很容易把身體當作是我，把情緒當作是我，把身份和財富當作是我，乃至把種種不是「我」的東西當作是「我」，進而產生貪著和依賴。問題是，所有這一切都是無常變化的。把身體當作我，就會害怕死亡，害怕這個色身的消失。把身份當作是我，一旦失去身份，就不知何以自處了。就像面具戴的時間長了，以為面具就是自己的臉，當沒有面具時，反而茫茫然不知所措了。

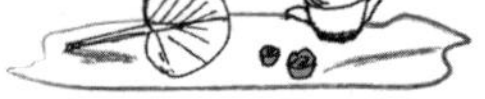

人生的煩惱和痛苦來自哪裡？無非是來自感情，來自家庭，來自財富，來自地位，來自身份，來自身體……如果我們看清這些和生命只有暫時的關係，就不會因為它的變化而焦慮、恐懼，不會受到無謂的傷害。

如何才能看清現實？佛法關於無我、空的思想，就是幫助我們糾正這些認知。佛法講「無我」，並不是說「我」這個色身不存在；講「空」，也不是否定一切存在的現象，而是要否定我們附加於自我和世界的錯誤設定。當我們不斷以「無我」和「空」去審視自我，審視世界的時候，就能剝離種種外在執著，使智慧光明得以顯現，從而解除迷惑，看清真相。

當內心不再有迷惑煩惱，我們所感受到的幸福，將是生命本質的存在。它不需要依賴任何外在條件，無論在什麼環境中，我們本具的智慧光明都會源源不斷地散發喜悅。如果幸福是建立於外在條件上，必然是膚淺而不穩定的。因為環境會不斷變化，感覺也會不斷變化。真正的幸福是代表生命本質的存在，找到這樣一種存在，才是幸福的寶藏。

四、多欲為苦，知足常樂

欲望和幸福感

幸福是什麼？通常，人們追求的幸福只是一種感覺而已，是欲望達成後的滿足感。我們不妨回憶一下，凡是自己覺得不幸福的時候，一定有欲望不曾得到滿足，包括物質的需求，也包括精神的需求。事實上，單純的物質匱乏，只要不影響生存，未必會帶來多少痛苦。真正讓人煩惱的，是想要的卻怎麼也得不到，這種求而不得之苦，其實遠遠大於匱乏帶來的痛苦。

每個人的需求不同，滿足的難易程度也隨之不同。有些人的欲望就像閩南人喝功夫茶的茶杯那麼小，只要一點水就滿了。我們小時候所求不多，就容易滿足，也容易覺得幸福，所以人們記憶中的幸福時刻，往往是在兒時。一旦欲望膨脹之後，就像四大洋五大洲一樣，再多的水也無法把它填滿。哪怕再有錢，也覺得不如別人富有，不

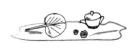

如別人風光。對於這樣的人來說，還有什麼幸福可言？

當然，通過滿足欲望得來的幸福，其實是一種假象，非常短暫。比如不少人覺得，品嘗美食是件幸福的事。其實這是有前提的，必須是你想吃的時候，美食才能帶來滿足和幸福。如果你沒有胃口，或者已經吃飽，什麼樣的美食也只能給你增加負擔。如果必須吃了又吃，簡直就苦不堪言了。還有不少人覺得，早上可以睡到自然醒很幸福，但如果讓你躺在床上不許起身，幸福就變成折磨了。如果從此將臥床不起，更會讓人痛不欲生。那時候，能夠起來行動自如，又成了夢寐以求的幸福。

可見，欲望能夠帶來的，只是某種需求被緩解後產生的滿足感，是在特定情況下產生的，是幸福的假象，而不是本質。這種幸福是不可靠的。

追逐欲望的過患

今天的社會都在通過鼓動欲望而刺激消費。廠家在不斷升級產品，商家則全方位地激發購買欲，整個社會處在佔有、攀比和競爭中。我們不但想佔有財富，還會不斷攀比：我要比你有錢，比你消費得起。這種攀比帶來了競爭，甚至是不擇手段的惡性競爭。一旦陷入這種佔有、攀比和競爭的迴圈，人就會被挾裹其中，難以自主。

我們現在有了那麼多便利的生活用品，可以從洗衣做飯的勞作中解放出來，卻沒能因此過得悠閒，反而活得更累。為什麼？在過去的年代，我們雖然物質清貧，但相對單純，也沒有攀比帶來的壓力。但在今天這個全球化的時代，我們可以看到太多激發欲望的東西，這就很容易帶來攀比。有了這個，還要那個；擁有之後，還要追求品牌。為了攀比，只能不斷向前。我們付出的很多努力，既不是生存所需，也不是生活和生命的需要，而是攀比讓自己停不下來。

另一方面，發達的資訊和各種電子產品也在侵佔我們的時間。尤其是手機和移動互聯網，讓很多人時時刻刻地黏著其上。在那些龐雜的資訊碎片中，我們的時間碎片化了，注意力碎片化了，生命也變得破碎不堪。現在很少有人可以安安靜靜地和自己相處，一旦有點時間，就得在手機上看些什麼，否則就無所適從。這種習慣帶來的最大問題，是使我們失去了休息的能力。很多時候，哪怕身體已經很想休息了，可心還

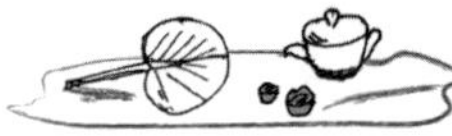

在躁動著，不得安寧。古人講的心猿意馬，就是心在不斷地抓取外境。這樣活著，能不累嗎？能幸福嗎？

我經常說，未來考量一個人能否獲得幸福的重要條件，就是看他有沒有休息能力。有休息能力，才可能有健康的身心，才可能獲得幸福。為什麼休息的能力那麼重要？其實，這是代表對心的管理能力。一個不會休息的人，心是無法自主的，只能隨著外境和業風飄蕩，最後在飄蕩中耗盡這個寶貴人身。世間最大的浪費莫過於此。

欲望使我們很忙很累。當我們的需求越來越多，同時也意味著，對外在世界會有越來越多的依賴。而依賴越多，依賴物件發生變化的機率就越大。為什麼現代人普遍焦慮、恐懼、沒有安全感？就是因為生命難以獨立，所以總在擔心外在的種種變化，擔心這些變化讓自己的生活失去平衡。其實世界時刻都在變化，但只有那些我們需要、在乎並發生聯繫的部分，才會讓我們受到影響。所以，少一分需要，就能少一分在乎和影響。

欲望還使我們的生存成本越來越高。過去的人雖然物質貧乏，但也可以養活自己乃至家庭。而現在收入提高了那麼多，養家卻成了很大的壓力。為什麼？就是因為欲望使生存成本不斷提升，相應的，幸福成本也水漲船高。古人講知足常樂，你的欲望少，就容易滿足，也容易幸福。反之，就不容易滿足，不容易幸福。

所以，怎麼對待欲望，是獲得幸福的關鍵。如果不能在和欲望的對壘中佔據主動，就會被其所控。

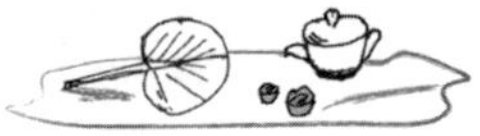

五、幸福來自心靈

心的不同層面

心既是痛苦的源泉，也是快樂的源泉。想要過得幸福，必須建設健康的心靈。我想大家應該有這樣的體會，當內心貪婪、仇恨、焦慮、恐懼、嫉妒、自私等負面心理產生活動時，不僅會使心痛苦糾結，甚至會使身體產生不良反應。只要這些心理得不到解決，問題將接踵而至，永無寧日。

但這顆心同時也是快樂的源泉。當內心沒有煩惱時，我們很容易開心。這個開心從哪裡來？其實很多時候和物質條件沒什麼關係。就像佛菩薩的舉身微笑，那種發自內心、遍佈全身的歡喜，並不是因為得到什麼，而是來自覺醒的心。佛法告訴我們，每個人內心都有覺悟潛質，這個覺性會源源不斷地製造快樂。

我曾在微博中說過佛教關於人生苦樂的認識。學佛者都知道，佛教說「人生是苦」。其實這個說法並不完整，而是有特定物件的。也就是說，凡夫以迷惑和煩惱為基礎的生命才是痛苦的。而對於覺悟者來說，生命的本質也是自由而歡喜的。因為在迷惑煩惱的背後還有覺悟潛質，一旦開啟這個層面，生命就是無限的自在，無限的寧靜，無限的喜悅。

這是生命的兩個層面，是由內心的兩大陣營造就的。其中，健康的良性心理是我們的朋友，會讓生命得到提升，給人生帶來幸福快樂，給社會帶來安定和諧。而那些不健康的負面心理則是我們的敵人，會不斷製造痛苦和麻煩。佛法認為，人生最大的敵人就是自己。這個自己，正是指內心的煩惱。生活中一切痛苦，從對自己的折磨，到不和諧的人際關係，乃至殺盜淫妄等種種犯罪現象，都是這個敵人造成的。從根本上說，人的兩面性就是佛性和魔性。開啟佛性，能讓我們成就圓滿的智慧和慈悲；而放任魔性，結果只能是墮落惡道，長劫受苦。

我們花很多精力去瞭解和關心社會，可從來沒想過，真正應該學會的是瞭解自己，管理自己，這才是人生的頭等大事。佛法就是幫助我們瞭解，內心有哪些正向的

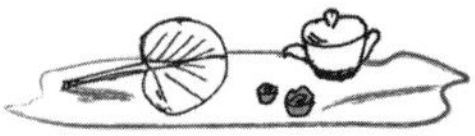

力量，哪些負面的心理。

從自利到利他

佛菩薩是學佛修行的目標。之所以能成為目標，在於佛菩薩所成就的三種功德，一是斷德，即斷除一切煩惱；二是智德，即圓滿無量智慧；三是悲德，即成就大慈大悲。

佛教認為，凡夫的生命都有貪瞋癡三種病毒。一切的痛苦和負面情緒，都是由這三種病毒而衍生，這就需要「勤修戒定慧，息滅貪瞋癡」。此外，還要開發生命的良性潛質，成就智慧和慈悲。因為慈悲，我們不僅要自己解脫煩惱，還看到每個生命都有貪瞋癡，都有迷惑煩惱，所以發心幫助他們。這種慈悲是廣大而沒有分別的，就像觀音菩薩的大慈大悲，沒有一個眾生是你不願意幫助的。所以說，佛法修行不僅是幫助自己建立幸福人生，同時要幫助普天下的芸芸眾生建立幸福人生。

我們通常所以為的幸福，往往只是一種假象。真正的幸福，應該代表生命本質性的存在。這就必須徹底去除破壞幸福的心理，開顯生命內在的良性潛質。一旦開發覺性，生命才能真正成為幸福的存在，也能源源不斷地給眾生帶來幸福。這也是大乘佛法的修行目標。

結束語

以上從五個方面探討了心靈創造幸福的原理，從中告訴我們嚮往幸福，首先要具備接納一切順逆境界的能力，這樣才不會被外境所轉，保持平和與從容。其次要認識到帶來幸福的諸多因素，時時耕耘福田，使福報可持續發展。第三要提高認識，以積極正向的心態看待自己，看待世界。第四要避免追逐欲望帶來的過患，這是破壞幸福的大敵。最重要的，則是看清心的不同層面，知道應該發展什麼，捨棄什麼，進而從自利到利他，從追求個人幸福，到給予眾生幸福，這才是究竟、圓滿的幸福。

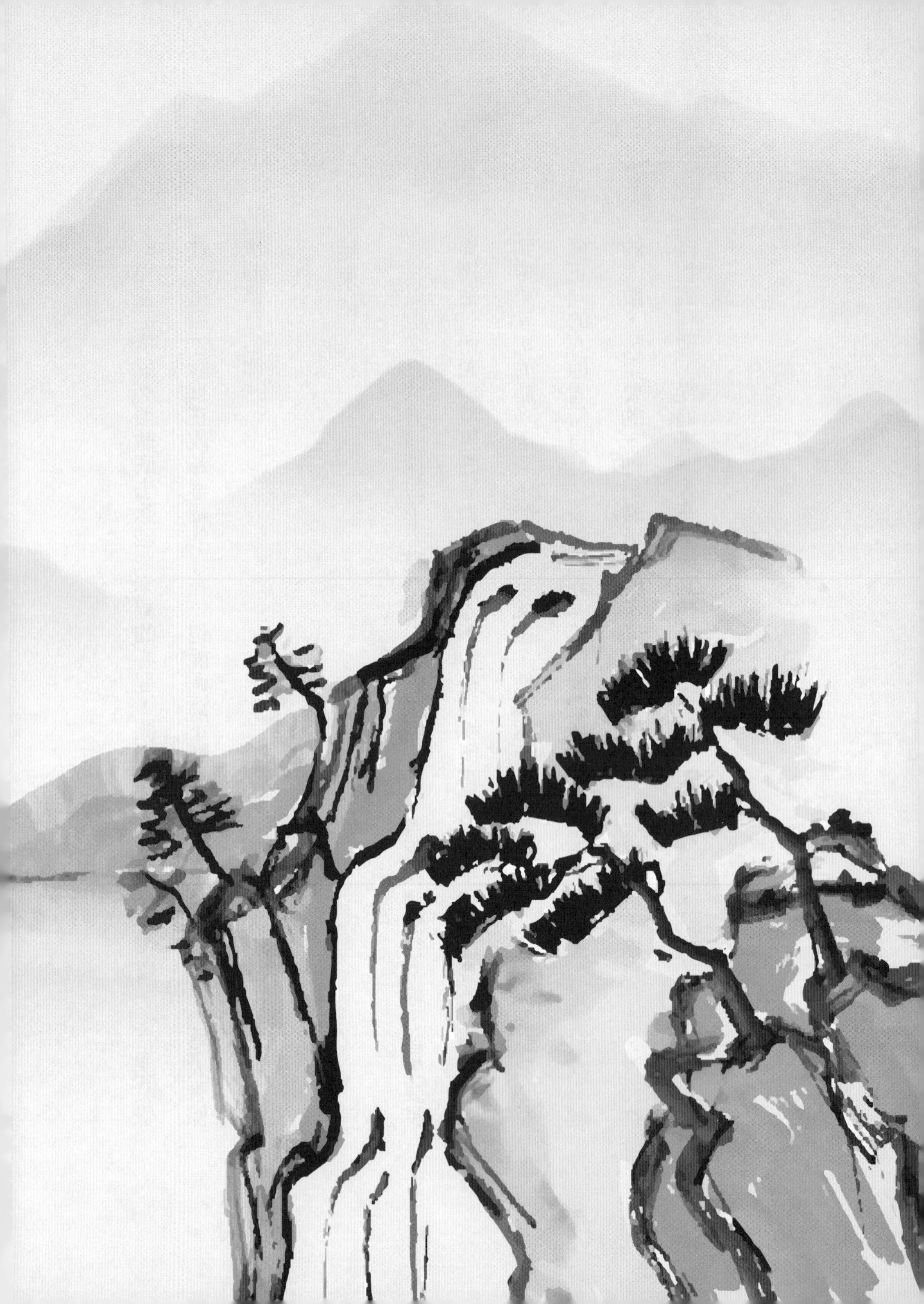

2
心，人生的導演

在人生舞臺上，每個人都投入地扮演著自己的角色，起先，是父母的孩子；後來，又成為孩子的父母。與此同時，還擔綱著形形色色的職業身分、社會身分。事實上，在這場無休止的連續劇中，我們有著演不完的角色。即使眼前這個角色命終，不過下場片刻，又會換上另一副面目登臺。

戲中，多數都是敬業的演員，以至入戲太深，完全沉溺在角色中，以為這是人生全部。於是乎，忙得想不起「我是誰」。或者說，根本不曾想過，角色以外的那個是什麼。常常，我們會聽到一個聲音在向自己發號施令，但一入戲，就忘了回頭看一看，這聲音究竟來自哪裡。其實，那正是一個隱形的導演，一個不斷指使我們如何演繹角色的導演。

這個導演的名字，就是「心」。

心是什麼？心與人生的關係如何？

一、心是什麼

心是多元的

佛法將心分為心王和心所。心王，是心靈世界的主人；心所，則配合心王的各種心理活動，包括善、不善、無記（非善非惡）三類。從這個角度說，心又像是個王國，有國王當政，百官輔佐，有忠臣衛國，也有奸臣謀私。

心的各個因素雖然獨立，但心理活動卻是複合作用，由諸多因素配合完成。正如國王行動必有臣下輔佐一樣，心王亦非單獨活動，必有相應心理與之配合。唯識典藉將之歸納為六位五十一心所，它們輔助心王完成各種人生活動。

其中，作意、觸、受、想、思五種為遍行心所，心王活動時必隨之生起，有如不離國王左右的貼身侍衛一般。而善、不善心所的作用，則與忠臣或奸臣相仿佛。當意識與善心所（無貪、無瞋、無癡、慚、愧等）相應，便產生善（道德）的行為；與不

善心所（貪、瞋、癡、無慚、無愧、自私、放逸等）相應，便產生不善（罪惡）的行為。

認識心理的各種因素，我們才能進行有效管理，增強善心所，抵制惡勢力。而不像蒙昧無知的昏君那樣，大權旁落，一任屬下肆意妄為。如果那樣，我們就失去了人生的基本自主權，幸福就更是遙不可及了。

心是緣起的

佛法是緣起論，認為萬物由因緣和合而成，所謂「諸法因緣生，諸法因緣滅」。心理活動同樣如此，皆依因仗緣而起，決非偶然。因，是心理因素；緣，是相關境界。

如，見財起貪是貪心的作用；害怕黑暗是恐懼的作用；因作惡而內心不安是良心的作用；想起某個怨敵而咬牙切齒是瞋恨的作用；被人占了便宜而耿耿於懷是慳吝的作用；看到別人功成名就而失落難過是嫉妒的作用。其中，貪心、恐懼是因，財物、黑暗是緣。因緣具足，方能引發相應心理活動，任缺其一，皆不得成熟。

儘管如此，因、緣仍有主次之分。雖然外境是引發心理活動的導火索，但內因才是根本所在。同時，意識本身具有極強能力，即使不曾面對外境，也可通過回憶、分別引發相關心理活動。

認識因、緣的相互作用，我們就可以知道，改善外境固然對心行有一定影響，但關鍵還應從心的本身下工夫。否則，作用必定是暫時而收效甚微的。

心是行為之本

凡夫往往心隨境轉，從表面看，似乎物質決定意識。其實，這是由於對內心缺乏瞭解所致。古時，鄭國有大夫名子產，有人贈其寶玉，他堅辭不受，謂：「爾以玉為寶，我以不貪為寶。」可見，沒有貪心為因，即使面對誘惑，也不會為之所動，喪失原則。

因，好比深埋於土壤的種子，由陽光、雨露滋潤而生長壯大。種子雖隱沒不見，

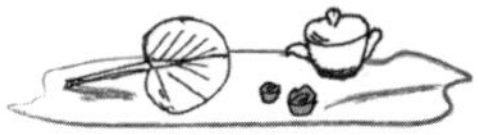

卻是作物成長的根本。人人皆知「種瓜得瓜，種豆得豆」之理，所以然者，乃因所種分別是瓜或豆的種子。不同的種子，會在同樣的陽光雨露下結出不同果實。

我們的心，便是引發各種行為的種子。有怎樣的心，便會導致怎樣的行為，導致怎樣的人生結果。很多人嚮往成功，但往往只關注外在條件，如文憑、能力、資金、人際關係等，卻忽略了對內心的訓練。當然，不能否認外在條件的作用。但就目前的發展趨勢，已很難將文憑、資金作為個人的特有優勢。在全球化到來的今天，面對瞬息萬變的社會，心理素質顯得尤為重要。

農人在播種時，都會選擇優良品種。若選種有誤，即使辛勤耕種，也會事倍功半，乃至顆粒無收。這些優秀種子，正是通過精心培育而來。同樣，我們想要在人生收穫成功，也應努力調整心行，去除其中所有不健康元素。如是，無論遭遇得失、榮辱，還是挫折、障礙，皆能從容面對。自身問題解決了，再輔以相應的外在條件，才能成為真正的成功者。否則，即使一朝暴富，僥倖領先，沒有正確心態，也難以長久保持。

心是苦樂之源

在這個物質化時代，人們習慣以財富決定一切，並將苦樂維繫於此，一味向外追逐。但隨著條件的不斷改善，痛苦，似乎仍是有增無減；快樂，多半還是曇花一現。原因何在？正是忽略內心所致，不知心在苦樂感受中的重要作用。

煩惱，是人生痛苦之源。煩為擾義，惱為亂義，是擾亂內心的不安定因素。究其根源，則是無明和執著。失戀之痛源於對感情的執著；破產之苦源於對金錢的執著；失敗之恨源於對成功的執著。執著有多深，痛苦就有多大。若心不曾陷入種種執著中，對失戀、破產、失敗乃至生死就能淡然處之了。所謂的「苦」，也就不會輕而易舉地將我們抓個正著，將我們再三折磨。

放下這些苦因，我們就能以從容的心感受自然，品味人生。對於這樣的心，快樂是無處不在的。有道是，世間不是缺少美，而是缺少發現美的眼睛。同樣，世間不是缺少快樂，而是缺少感受快樂的心。如果說發現美的眼睛須經專業訓練，那麼，感受

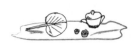

快樂的心同樣需要經過相應調整，那就是斷除無明，放下執著。

二、心非常非斷

十九世紀末，美國心理學家詹姆斯率先提出「意識流」之說，認為思惟活動如流水般連綿不斷。這一學說不僅成為西方心理學的重要理論，並極大影響了文學、影視等藝術領域的創作。

其實，相關思想在佛典中早已有之。《成唯識論》云：「阿賴耶識為斷為常？非斷非常，以恆轉故。恆，謂此識無始時來一類相續，常無間斷……轉，謂此識無始時來，念念生滅，前後變異，因滅果生，非常一故……恆言遮斷，轉表非常，猶如瀑流，因果法爾。」認為心理活動如瀑流般剎那生滅、相似相續，不常不斷。

流水永不止息，此為非斷。但此刻的流水又非之前、之後的流水，此為非常。瞭解這一原理，可幫助我們糾正斷、常二見。這是世人在認識中的兩大誤區，非此即彼。

心非永恆

持常見者，認為在物質領域有獨存不變的原子，在精神領域有永恆主宰的靈魂或神我。

佛法以緣起看世界，否定世間有獨存、不變之因，從而提出無常、無我的思想。我，為常（永恆）、一（獨存）、不變（堅固不壞）、主宰（具有絕對力量）之義。佛法認為，無論外在世界還是內在心靈，都沒有恆常不變的實體。

在我們心中，儲藏了無量生命經驗。意識的活動，正是以阿賴耶識的種種經驗為基礎，六塵境界為所緣，不斷分別，引發各種心理。在倫理上，與善心所相應，即成善心；與不善心所相應，即成不善心。在感受上，因所緣境界的順逆變化，而引發苦、樂、憂、喜之情。

正因為心不是永恆不變的，所以才有被改造的可能。否則，凡夫心就永遠無法斷除，更沒有成就聖賢品質的可能。

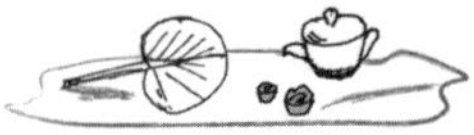

心非斷滅

持斷見者，則認為人死如燈滅，一切將隨死亡化為烏有，這是比常見危害更為嚴重的錯誤觀念。須知，心的活動雖緣生緣滅，念念無常，卻不會徹底斷滅。事實上，每個起心動念都將在內心留下痕跡。

佛教認為，生命有過去、現在、未來三世，無始無終。生，不是最初開始；死，更不是就此結束。今生，只是漫漫生命旅程的一個片段。現有色身雖會消失，生命洪流仍將繼續。人生的一切努力，儘管終成泡影，但由此形成的業力及內心經驗，將成為未來生命延續的潛在力量，盡未來際地影響著我們。

這也是改善人生的意義所在。如果死亡會結束一切，將曾經的善惡行為劃上句號。那麼，止惡行善又有多少意義？正是這種錯誤觀念，導致了功利主義的盛行，為了眼前利益不擇手段，無視未來後果。而瞭解生命真相的人，絕不以明天的巨大不幸來換取一時之樂。因為善惡行為是功不唐捐的，多行不義，不僅要付出代價，更會成為未來生命的陰影。

生命起點

生命有兩大系統，一是受之於父母的色身系統，二是來自個體生命延續的心靈系統。生命因往昔積累，造就今生的不同起點，形成人間的種種差異。即使同胞骨肉，也存在智力、性情乃至相貌的差異。此外，更有種族、國家、宗教和經濟形成的諸多差異。有人生於王室豪門，有人生於乞丐之家；有人從小智力超群，有人生來弱智低能，可以說，世間沒有兩個完全相同的人。佛教認為眾生平等，為何世間存在許多差別呢？

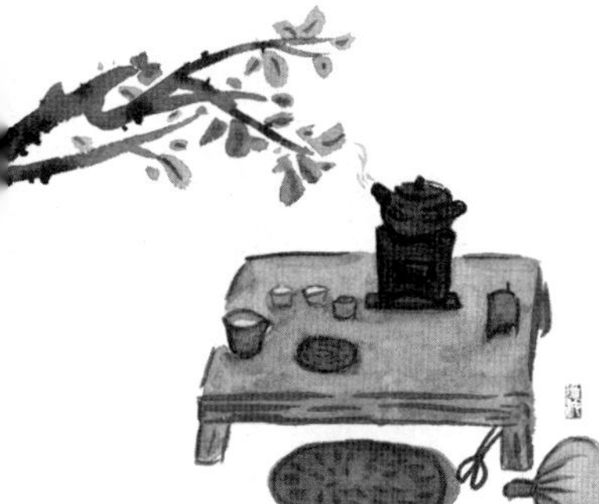

須知，這種差別正是來自平等。在因果法則面前，眾生是平等無別的，行善必得樂果，作惡必得苦果。人生的一切差別，無不取決於曾經造作的善惡行為，自作自受，無人替代。

把握現在

每個人的生命素質皆由自身行為決定。所以，命運之舵就掌握在我們手中，決定於當下這一生，這一刻。因為過去已然過去，未來尚未到來。我們無法改變過去，也很難直接把握將來，真正能夠抓住的，唯有現在。人身難得而易失，這是今生最大的財富，也是六道重要的樞紐。

佛陀時常教導我們要活在當下，而不是沉溺於往昔回憶，那只能浪費時間，卻於事無補；也不要幻想著以後如何，因為人命脆弱，世事無常，若不立即從現在做起，計畫往往還趕不上變化。

認識到當下這一念的重要，我們就應善加珍惜，有效利用。通過現在的努力，為未來奠定良好起點；通過心念的改善，為人生開闢美好前景。

三、心的兩個層面

佛經以大海及波浪為喻，從不同角度對心靈世界進行深入剖析。《楞伽經》曰：「譬如巨海浪，斯由猛風起，洪波鼓冥壑，無有斷絕時；藏識海常住，境界風所動，種種諸識浪，騰躍而轉生。」

心靈世界有如大海，心理活動則如波浪。大海，因風暴而波濤洶湧；內心，則因境界刺激而現起種種心念。浪花時起時滅，海水卻相續不斷，心靈世界亦復如是。通常，人們都是活在意識構成的心念中，以為這就代表著自我的一切。事實上，那只是海面的浪花。波濤之下，才是海洋深沉、廣大的部分。

意識

心靈世界中，最為活躍、突出的是意識。佛法認為，意識層面包括眼、耳、鼻、

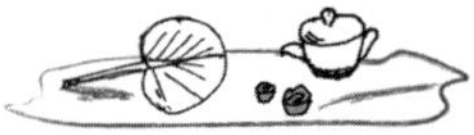

舌、身、意六識。在認識能力上，前五識為現量（直覺），其所緣物件必須是現在而非過去、未來，必須是現前而非別處，同時，不帶名言、不能分辨是非差別。一旦和過去、未來的境界發生聯繫，或對認識物件做出判斷、介入語言概念，便進入第六意識的作用範疇了。

意識的能量極大，人生一切行為皆由其成辦，這也是人所以為萬物之靈的關鍵。因為意識具有分別、推理、判斷的能力，可以使人通過理性思惟來決定善、惡行為。同時，還能使人獲得有別於動物的精神生活，乃至成就智慧，證得真理。

在心理活動中，意識雖為主體，卻未必能保有權威作用。無始以來，我們為無明所惑，使貪瞋煩惱大行其道，佔據心靈主導。在這種情況下，意識就像充當傀儡的君王，對煩惱唯命是從。於是乎，明知所做是錯事，仍控制不住去做，甚而再三犯錯。何其可憐，何其可悲。

唯一的出路，就是聽聞正法，如理思惟，樹立正見，奪回失去的主權，使心真正發揮正面作用。如此，才能將人生導向光明。

潛意識

與意識對應的是潛意識，其活動雖不為人所知，卻暗中左右著意識。在唯識典籍中，將之歸納為第七識和第八識。意識的生起，以第八阿賴耶識儲藏的種子為因，為根本依止。同時，第七末那識與生俱來的先天蒙昧（不共無明）和自私本能（俱生我執）也對意識活動有著重大影響。

第七識，梵語末那，漢譯為意。這裡的意，指意根而非意識。意，為思量義，《八識規矩頌》中，將其特徵定義為「恆審思量我相隨」，即無休止地想著自我。這種俱生我執，正是人類自私本性的根源。而末那識的不共無明，又使有情始終處於蒙昧中，不知生從何來，死往何去，不知生命真相，世界本質。

第八識，梵語阿賴耶識，漢譯為藏。它不僅收藏了有情所有的生命經驗，為意識活動提供資訊。同時，還在生命轉換、延續過程中從不間斷地工作。它執持色身直到一期生命結束，並隨著業力去投胎，如是循環往復、生生不息，唯有解脫才能使其下

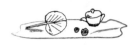

崗。

瞭解潛意識的存在，及意識、潛意識的相互關係，我們就找到了心理活動的源頭。如此，才能直探本源，究竟解決心的問題。

四、人心與人生

心靈頻道

人，是複雜的多面體。某些行為差異極大者，我們稱之為雙重或多重人格。情節嚴重者，往往被視為精神疾病。事實上這些現象並非個別，善心人也會有冷酷之舉，殘暴者也會有溫柔一面，區別只在於反差程度和表現方式的不同。

生命在無盡延續過程中，以明和無明為基礎，形成了種種心理力量。其中，既有貪婪、瞋恨、妒嫉、自私、驕傲等負面心理，也有慈悲、善良、自信、無瞋等正面心理。每種心理力量，都代表著一種心靈頻道。

和電視頻道一樣，心靈頻道也有不同的信號。其強弱程度，正取決於心行積累。當積累達到一定程度並遠遠高於其他信號時，就會伺機搶佔頻道，佔據心靈的「收視率」。如貪心重的人，因受貪念驅使，會習慣性地現起貪心，而不斷貪婪的結果，便使貪心無限張揚，進而成為貪性人。但我們要知道，這並不意味著貪心便是他的唯一頻道。事實上，只是貪的信號太強，使其他頻道受到干擾而無法正常播放。

認識到這一原理，我們就不必為現有的不良心行氣餒，那樣會順著慣性墮落。我們更不能為偶爾的優良表現自得，那就可能因疏於防守而被煩惱攻擊。我們要做的，是正視心靈的善惡頻道，主動把握播放權，積極點播正面的心靈頻道，使之信號不斷增強，最終，牢牢佔據心靈主導地位。

心靈陷阱

許多人都覺得世事難測，處處陷阱，稍不留神就落入圈套。其實，世間陷阱是有形的，具有相應社會經驗或人生閱歷便能識別真偽，不為所惑。即使涉世不深，只要

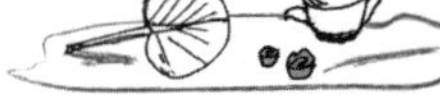

帶著防範之心審慎行事，也不至輕易受騙。

最難防範的，恰恰在於我們自身，在於心中各種無形的陷阱。其可怕之處，不僅在於我們無法逃避，更在於很少有人能意識到，甚至，我們在落入陷阱後還會將它越挖越深，以為這是人生出路所在。

這些陷阱，恰是負面心靈頻道不斷工作的結果。比如對某人生起瞋心，若這念瞋心不能及時制止，而是反覆播放，我們就會收集到很多關於這個頻道的素材。事實上，心有著奇特的編輯功能，能將種種有關乃至無關的素材統統演變為瞋心所需的證據，使我們在瞋心的泥淖中越陷越深。雖然我們有時也會因這樣那樣的幫助爬出陷阱，但只要陷阱還在，但凡想起此人，仍會一頭栽下去，就像俗話說的「想起來就有氣」。若是心靈陷阱越挖越多，那我們的一生就會從這個陷阱落入那個陷阱，永遠暗無天日，永遠遭受傷害。

所以我們要仔細審查內心，發現陷阱所在。同時培養正知正念的力量，徹底清除陷阱，而不是簡單地在表面掩蓋一番，那樣就會埋下更深的隱患，更重的危機。

心態與人生

人類的生活方式千差萬別。為什麼我們會選擇這種生活方式，而非另一種？除了客觀條件的制約，還有主觀因素在作用，那就是我們的欲望、想法和情緒。

欲望促使我們追求。其中，有善、不善、無記三類，毋須全面否定。欲望不同，故產生幸福的因緣也各不相同。有人以事業有成為追求，在努力工作中獲得幸福；有人以家庭美滿為追求，在天倫之樂中體味幸福；也有人以及時行樂為追求，在聲色刺激中尋找幸福。但我們要知道，唯有善法相應的正當欲望，才是獲得幸福人生的途徑。否則，不僅會背離幸福，更會使人走向犯罪深淵。除具體內容的差異，欲望還有容量多寡的區別，這也是影響幸福的重要因素。少欲者，解決溫飽就能知足常樂；多欲者，擁有再多也欲壑難填。若將欲望比作器皿，少欲有如杯子，輕易就能裝滿；多欲有如汪洋，百川歸海尚不能盛滿。所以，佛陀時常教導弟子們應少欲知足。如若不然，就會將一生耗費於無休止的索取中，甚至無暇享受。

情緒影響個人心情。其中，分健康與不健康兩類。健康的情緒，如喜悅、愉快、滿足等；不健康的情緒，則有憂愁、焦慮、恐懼等。情緒的發生，源於心對境界的感受，但它的變化又會影響內心平衡。正確看待人生和世界，是杜絕不良情緒的根本。此外，還要掌握調節情緒的方法，一旦感染，及時治療，在發病初期控制其蔓延。若不懂得對情緒進行分類管理，而是任其發展，到全面發作時，就難以救藥了。憂鬱症所以會成為現代人的通病，造成自殺率的居高不下，重要原因，就是疏於情緒管理，疏於對心的觀照。

想法決定人生選擇。事實上，多數人的生活只是搖擺於欲望和情緒之間，每天說著、做著的，無非是我要、我不要；我喜歡、我討厭；我開心、我痛苦。有時，人們也會感嘆這種生活的無聊與無奈，但感嘆之後，多半仍是繼續妥協，繼續隨欲望和情緒漂流。除此而外，很難找到超越欲望和情緒的正確想法，這也是人們所以和幸福擦肩而過的重要因素。因為欲望和情緒是變幻無常的，這使人生選擇變得盲目，使人生目標變得遊移。如果沒有正確的想法做出抉擇，做出取捨，幸福又怎能如期而至？

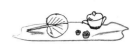

瞭解各種心理因素對人生的作用，就應依此對照，檢查現有欲望是否合理，哪些想法需要調整，哪些情緒應該克服。不斷調整，多方養護，有效保障心靈健康。

五、結說

探索人心與人生的關係，是為了喚起人們對心的重視。當內心出現煩惱時、當生活遭遇困境時、當人際關係產生隔閡時，我們不要一味尋找外在原因，還應將目光收回，看看自己的心處於什麼狀態，看看這位人生導演是否存在問題。

追根溯源，我們才會發現，打開心結，就能從根本上瓦解煩惱。雖然，外在改善尚有賴於諸多條件的和合，未必能以個人意志左右。但只要以正確的心態面對，就不會因外境變化受到傷害，更不會使自身成為危及社會、傷害他人的不安定因素。所以，健康心靈不僅是幸福人生的保障，更是社會和諧的因素。

3

大乘佛教的慈悲觀及其心理治療中的轉化作用

——講於第四屆心理分析與中國文化國際論壇

心，是佛教和心理學共同關注的重點所在。在我們的內心，既有良性潛質，能夠發展出高尚人格，帶來幸福安樂。也有負面心理，並由此滋生心理疾病，製造痛苦煩惱。當身體出現疾病時，我們都會及時治療，以免延誤病情，損害健康。而當心靈出現疾病時，同樣需要重視，需要積極對治。雖然這種疾病是無形無相的，但若掉以輕心的話，其危害絕不亞於身體病變，發展到極致，還會使人走上絕路。據相關資料顯示，因心理問題致病乃至死亡的人數正在逐年上升，不容忽視。

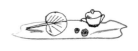

在治療範圍上，心理學比較偏向心理疾病的治療。它所關注的，主要在於病態的、非常規的心理，至於人類共有的貪瞋癡等煩惱習氣，並不在其解決之列。而在佛法修行中，不僅要解除負面心理，同時也重視正面心理的建立。在佛陀成就的三德中，斷德是由斷除煩惱而成就，是對負面心理的徹底解脫。而智德和悲德分別代表大智慧和大慈悲，是人類潛在的良性心理品質的完全展現。其中，智慧偏向自利，而慈悲偏向利他，它們共同構成了大乘佛教自利利他、自覺覺他的內涵。尤其是對慈悲的修習和實踐，更是大乘佛教不共聲聞的殊勝之處。以下，將從三個方面簡單介紹一下大乘佛教的慈悲觀及其心理治療中的轉化作用。

一、何為慈悲

慈悲

慈悲，是生活中經常提及的一個詞。我們評價某人富有愛心時，會說「他很慈悲」，這時的慈悲，是德行的象徵。我們希望博得他人同情時，會請求對方「發發慈悲」，這時的慈悲，又代表一種實際幫助。

至於慈悲和佛教的關係，很多人可能會知道「出家人慈悲為懷」這句話，但並不知道，慈悲一詞本就出自佛典。慈，是慈愛眾生並給予快樂；悲，是憐憫眾生並拔除其苦。兩者雖然有著不同側重，但其實是相通的。因為究竟的給予快樂，必然包含著拔苦；而真正的拔苦，必能帶給對方快樂。

在佛教中，慈悲既是一種實踐的法門，如慈心觀等，同時也是佛菩薩所成就的悲

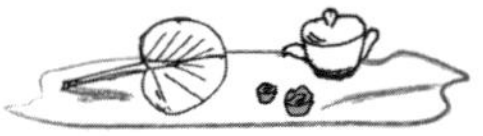

智兩大品質之一。作為佛菩薩品質特徵的慈悲，並不是一個泛泛的概念，而是有著特定的內涵和考量標準。那麼，佛菩薩的慈悲又有什麼特點呢？

大慈大悲

佛菩薩的慈悲，特點就在於大慈大悲。所謂大，即慈悲的無限擴大。這種慈悲的對象，包括親人，也包括冤家；包括人類，也包括動物，包括六道一切眾生。換言之，只要還有一個眾生是我們不願利益、是我們漠視甚至敵視的，就不是佛菩薩所成就的大慈大悲。而從另一方面來說，佛菩薩的慈悲又是長遠的，盡未來際永不改變。所以說，這種慈悲有著量化指標，可以對照心行進行檢測。

而我們平時所說的慈悲，也許只是針對某個人，比如母親對兒女的慈悲，雖然強烈，但並不普遍，不能擴展到兒女以外的其他人。也許只是由重大災難所激發的情感，如四川地震時全國上下所表現出的關愛之情，雖然普遍，但並不持久，不能一以貫之地保持下去。原因是什麼？因為凡夫是有「我執」的，這種執著蘊含著強烈的自我重要感，使我們本能地關注自己而忽略他人。母親對子女的關愛，看似忘我，但多半只是對「我」的一種延伸，所以這種慈悲無法繼續擴展到其他眾生。也正是因為有「我」，我們才難以對「我」以外的「他」保有持久關懷。即使因特定事件使這種情感被激發起來，但一段時間後，又會習慣性地轉向對「我」的重視。如果不通過禪修加以糾正，這個「我」將始終佔據主導，使我們忽略甚至忘記，世間還有許許多多需要幫助的人。

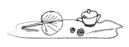

無緣大慈，同體大悲

佛菩薩之所以能成就無限的慈悲，關鍵就在於他們已證得空性、體認無我，已消除自我和眾生之間的對立和隔閡，所以這種慈悲又稱為「無緣大慈，同體大悲」。所謂無緣，就是沒有任何親疏、愛憎之分，沒有哪個眾生是菩薩捨棄的，是菩薩不願施以援手的。所謂同體，就是將眾生和自己視為一體。就像你的腳扭傷時，手自然會去撫摸以減輕疼痛，這種幫助是身體的自然反應，不需要加以考慮。而在疼痛沒有解決之前，這種幫助絕不會半途而廢，也不會去分別，手是施恩者而腳是受惠者。

菩薩對眾生的慈悲也是同樣，觀音菩薩之所以能「尋聲救苦」，之所以能「千處祈求千處應，苦海常作渡人舟」，也正是因為體證到眾生和自己本來就是一體。因此，這種說明不需要任何條件為前提，不需要考量其中是否有利可圖、能否得到回報。同時，這種慈悲是「三輪體空」的，不存在施者和受者之間的對立。正如《金剛經》所說：「菩薩滅度無量眾生，實無眾生得滅度者。」因為無我，才能無住；因為無住，才能無限。

怎樣才能將現有的這點慈悲擴大為佛菩薩那樣的大慈大悲呢？這就需要通過相應的禪修訓練。

二、慈悲的修習

開啟慈悲心

在修習慈悲之前，首先要認識到，這一心理對生命發展的意義所在。相信很多人會對慈悲這一品質表示認同，表示讚歎，但未必願意身體力行地去實踐。因為在人們心目中，慈悲似乎就意味著奉獻，意味著付出，意味著個人利益的損失。這種患得患失的心理，使很多人只是將慈悲作為一種說法。即使做一點，也無法像對待自己那麼在意，那麼投入。因為在我們心目中，他人始終被排斥在自己之外，而自利與利他也始終是彼此對立的。

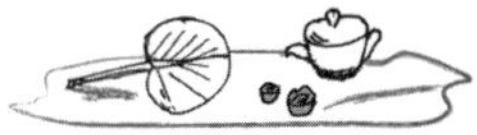

但佛教告訴我們，慈悲不僅是利他的善行，更是一種使人格得到提升的自利行為。當我們對他人心懷慈悲時，內心是調柔而開放的。這種調柔能使我們感到安寧與祥和，而這種開放則能使我們建立和諧的人際關係。從這個角度來說，善待他人就是善待自己。如果能認識到這一點，慈悲就會成為主動自覺的行為。因為我們付出的同時就在收穫，這種收穫不在於他人的回報，而是自身心理的改善。

但這種認識還是基於自利，或者說，是把利他作為自利的途徑。一旦面對具體的、形形色色的眾生時，新的考驗又出現了。因為凡夫心有好惡，是不平等的，尤其是對那些我們沒有好感的眾生，即使當做任務去做，也是勉為其難。這樣的慈悲，往往會使我們感到沉重而退縮。那麼如何才能使慈悲快速成長，成為內心的主導力量？

慈悲的修習

大乘佛教中，主要為我們提供了三個修習項目，由此成就慈悲的廣度、力度和純度。

一是廣度，通過發起菩提心，使慈悲得到擴大。菩提心，是覺悟而又利他的心，不僅要自我覺悟，更要幫助一切眾生走向覺悟，究竟解除生命存在的一切痛苦。這種崇高的利他主義願望，是慈悲得以擴展的強勁動力。但我們內心還有種種其他願望，怎樣才能使菩提心不因干擾而模糊？這就需要受持菩提心戒，通過莊嚴的宣誓對此進行確認，使這一願望真正成為生命的立足點。當我們像誓言中所說的那樣，時時心繫眾生並盡力給予幫助時，心量就會逐漸打開，慈悲也會隨之增長。

二是力度，通過修習菩提心，使慈悲得到強化。受持菩提心戒，只是在內心播下菩提種子，但面對無始以來的串習，這種力量是微不足道的，這就必須不斷為之提供養分。一方面，是在座上修習菩提心儀軌，每天提醒自己，以「利益一切眾生」為使命。另一方面，還要將這種願望落實到生活中，帶著這種願望去做每件事。通過正確而又持續的修習，使慈悲種子茁壯成長，成為具有絕對優勢的主導力量，成為想忘也忘不了的強烈意願，成為不受任何外在影響左右的終極目標。

三是純度，通過修習空性見，使慈悲得到昇華。凡夫心是錯綜複雜的，所以，我

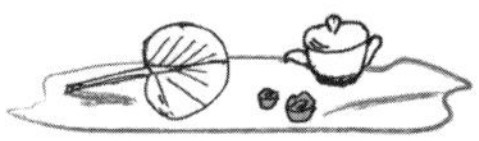

們在長養慈悲的同時，往往還伴隨著自我、貪執和瞋恨等不良心理。比如有些人是為了博得名聲而利他，有些人則會因行善不得理解而心生怨恨，這都會障礙慈悲的成就。因為我執，而難以無限；因為愛憎，而難以平等。所以就需要修習空性見，認識到自我及外在世界是因緣所生，其中沒有固定不變的特質。我們以為真實的一切，只是自我的設定和顛倒妄想，並非客觀世界的真相。如果我們具備這種認知，不良心理將失去依託基礎，並在空性見的觀照下揮發一空。當夾雜於慈悲中的雜質被逐一剔除，才能成就佛菩薩那樣廣大而純淨無染的慈悲品質。

三、慈悲在心理治療中的轉化作用

慈悲能加強人與人的溝通

對於心理治療師來說，與人溝通也是必須具備的專業技能之一。但僅僅依靠技巧，未必就能真正走入對方的內心。比如「共情」的運用，要求治療師從病人的視角看待世界，以此進行溝通。但正如心理學家歐文・亞隆教授所說：「真正瞭解一個人的感受是極端困難的一件事情，大多時候，是我們把自己的感情投射在其他人身上。」

障礙這種「共情」的，正是我執，是強烈的自我重要感。這就使我們總是帶著自己的標準和好惡看待問題，無法做到真正的共情。而大乘佛教的慈悲，則是以強烈的利他主義願望為前提，這是走近對方、接納對方、包容對方的首要條件。在修習慈悲的過程中，要在空性見的觀照下不斷克服我執，擺脫自我中心感，這樣才能消除自他雙方的隔閡，走進對方的心靈世界，達到真正共情的效果。

大乘佛教有一部《入菩薩行論》，由寂天菩薩所造。這部論典為我們提供了一套「自他相換」的修法，其理論基礎，就是認識到我執的過患和利他的利益。具備這一認知，進而將對自我的重視轉向一切眾生，把對眾生的漠視轉向對待自己。換言之，就是將自我和眾生在心目中的地位進行對換。這種修習可以幫助我們捨棄自我的重要感，建立利他之心，也是達成共情的善巧方法。

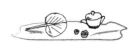

慈悲能化解各種心理問題

常規的心理治療，往往是通過某種外在疏導幫助患者。這種方式確實也能解除一些心理問題，但未必能從根本上斬除病根。因為我們的生命是以迷惑和煩惱為基礎，這將不斷製造問題，使我們永遠處在被動狀態，疲於應付。

而佛教修行不僅是以正見解除病態心理，同時更重視正面心理的建立。這種正面心理，也就是佛教所說的正念，慈悲便是其中一項重要內容。當然，普通人的慈悲也具有化解瞋恨等其他負面心理的力量，但作用畢竟有限。大乘佛教所說的慈悲，是建立在空性慧的基礎上。這種空性慧代表心靈內在的覺醒，也是生命本具的自我解除煩惱的能力，是佛菩薩所以能解脫自在的根本所在。也正因為空性慧有如此威力，建立在空性慧基礎上的慈悲，自然具備化解一切心理問題的能力。就像有著超強免疫力的身體，本身就能應對一切病毒的入侵，使之沒有可乘之機。即使原本已經發生的病變，也能隨著免疫力的提高而自我調節，恢復健康。所以說，這種力量才是化解心理問題的根本。

以上，主要從大乘佛教的角度，介紹了佛法所說的慈悲與世間慈悲的異同，佛教對慈悲的具體修法和完善途徑，以及慈悲在心理治療中的作用，希望對大家有所啟發。

4

佛法對心理問題的解決

——2007 年夏講於第五屆海峽兩岸心理輔導論壇

我是首次參加心理學界的論壇，本著交流和學習的態度而來。聽了眾多專家學者的發言，深受啟迪。我覺得，佛學界和心理學界有共同關心的話題，那就是如何解決心理問題。就這一點來說，佛學和心理學的目標是相通，甚至相同的。

心理學起源於西方，就目前發展來看，也偏向西方式的治療方法。而誕生於兩千五百多年前的佛學，歷來也被稱為心學，是心靈的智慧，也是解決心理問題的智慧。從這個意義上說，可以稱為東方心理學。

佛法修行的目的，一是解脫，一是成佛。

所謂解脫，其實並不玄妙，簡言之，就是代表心靈的自由。每個人都有許多煩惱，每解除一種，心靈就能從這種煩惱製造的束縛中解脫出來。現在是一個前所未有的躁動時代。這種彌漫在城市乃至鄉村的躁動氣息，正來自我們內在的情緒和煩惱，我稱之為「心靈垃圾」。環境需要保護，需要治理，我們的內心同樣需要保護和治理，不然就會成為堆積如山的垃圾場。在這樣的心靈環境下，怎麼可能感知幸福、獲得寧靜？

當所有煩惱被徹底平息，心靈不再有任何躁動、不安或羈絆，也就是佛法所說的「涅槃」。此時，內心會呈現出無比的寂靜，所謂「涅槃寂靜」。這種寂靜，並不是沒有聲音、萬籟俱寂的靜，而是來自生命內在的寂靜。當心進入這種寂靜狀態，我們就能毫無阻礙地感知一切，包括許多微細的聲音，可以聽到眼睛眨動，聽到螞蟻打架。這種內在的寂靜，來自對空性的體證，也就是佛法所說的宇宙人生的最高真理。所以說，解脫和涅槃都是心靈抵達的境界，而非某種生理現象，不是長生不老，不是羽化成仙。

所謂成佛，也不是成就外在的什麼，不是像考職稱、獲大獎那樣，有職稱可考，有獎項可獲。因為佛的內涵不是其他，正是生命的徹底覺醒，是慈悲和智慧的圓滿成就，同樣源於對內心的改造。

佛法認為，凡夫因處在無明狀態而無法看清生命真相。我們時時都在關心自己，關心和自己有關的一切。但是，究竟什麼代表著我？什麼是世界真相？大多數人信賴自己的感覺，事實上，我們的所知所見只是主觀意識的投射，是由意識構造的影像。

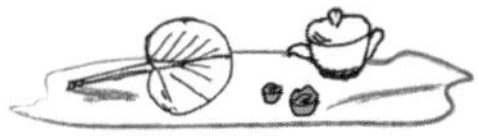

我們不知道「生從何來，死往何去」，不知道「活著的意義究竟是為了什麼」，甚至不知道「我是誰」，如此種種，是人們追問了千百年，卻至今仍為之困擾的問題。

那麼，人類是否永遠無法透徹世界真相呢？從佛法角度來說，生命雖是迷惑的顯現，但本身也蘊含著無限智慧。修行，就是通過聞思修來開發內在潛力。一旦啟動這種智慧，就有力量破迷開悟，從無明狀態中覺醒。今天很多專家講到生命品質，事實上，佛法的一切修行，都是為了將生命潛在的高尚品質開發出來，成就佛陀那樣的智慧和慈悲。這是佛陀品質的兩大特徵，無限的智慧，令我們究竟解脫煩惱；無限的慈悲，令我們關愛並幫助一切眾生。由此可見，佛法所關注的都是心理問題，是以心靈而非客觀世界作為認識和改善的對象。

說到佛法，或許有人會對那些深奧的典籍和術語望而卻步，對眾多的體系和宗派無從抉擇。其實，佛法雖有複雜的一面，基本綱領卻是簡單的，如苦集滅道四諦法門，就是佛陀為眾生指出的，從發現問題到解決問題的簡要途徑。

解決苦，首先要認識苦。就像病人，只有知道自己患病後，才會想方設法地尋求治療。佛法修行，也是以認識人生是苦為前提。這種苦，是從本質而非感覺來說。在我們的感覺中，人生似乎有苦有樂，尤其在娛樂業空前發達的今天，隨便玩些什麼，就能把痛苦暫時拋在一邊。但佛陀以智慧觀照，發現世間所謂的快樂，無不建立在苦的前提下，從本質來說無非是苦。饑餓難耐是一種痛苦，因為這種苦，吃飯才會成為快樂。走路疲勞是一種痛苦，因為這種苦，休息才會成為快樂。

從佛法角度來看，世間所有快樂都是以某種需求為前提。如果沒有需求，同樣的事情，未必能帶來快樂。「有朋自遠方來，不亦樂乎」，這種快樂，是建立在渴望見到對方的前提下。如果是避之唯恐不及的人，見面就成了「仇人相見，分外眼紅」。如果沒有饑餓感，吃飯會成為快樂嗎？即使面對山珍海味，也沒有誰能不停地吃下去。如果吃飯具有快樂的本質，那麼，無論什麼時候吃，也無論吃多少，都應該感到快樂，而且應該越吃越快樂才是。事實上，一旦超過身體所需，吃飯立刻由快樂轉為痛苦了。

所以佛法是從生命內在尋找痛苦之源，也就是集，即苦的成因。找到疾病的源頭

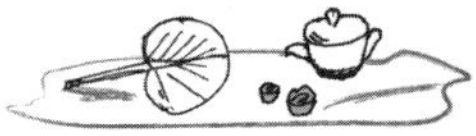

所在，就能由此考量解決的結果和方案。滅，是疾病治癒後的健康狀態。道，則是治療的方法。從四諦法門可以看到，佛法修行所做的，就是讓人們從認識苦到止息苦，是從內心而非外在環境來解決人生問題。

那麼佛法又是怎樣解決這些問題的呢？我想從兩方面和大家談一談。

一、心是什麼

佛法對人生問題的解決，是從心理入手，這就必須瞭解心的特徵。

心是多元、複合的作用

佛法認為，心具有多元、複合的作用，是由各種心理因素組成。首先是普通心理，相當於心理學所說的感覺、情緒、注意、表象和意志等。此外，還有善和不善的心理，是和道德、犯罪有關的心理。

佛法中，將不善的心理稱為煩惱。煩惱形形色色，最基本的是貪瞋癡，又稱三毒，是三種危害心靈健康的毒素。如果平日疏於管理，這些毒素就會在內心自由生長，進而形成不良嗜好。再進一步，就會成為頑固的習氣，我稱之為「心靈的腫瘤」。而善的心理則是道德建設的基礎，包括覺知、慈悲、愛心、善良等。提及道德，人們往往將之作為社會公共秩序的需要，卻忽略了它對完善自身的意義。

善的心理，是一種和諧並令自他快樂的心理。當我們生起一念善心時，當我們想要幫助他人時，當下就是調柔而快樂的。形之於外，也會給別人帶去快樂。反之，那些不善心理則會令自他受到傷害。只要對別人生起瞋心，即使沒有付諸行動，自己也會成為這種仇恨的受害者。一個心懷仇恨的人，會是快樂的嗎？所以，善惡不僅指外在行為，根源還在於內心。這種心理產生的當下，又會形成結果。當我們行善或作惡時，善或不善的力量會不斷強大，使人格得到提升或隨之墮落。

或許有人會覺得，自己也有慈悲和愛心，那還有必要修行嗎？須知，我們的慈悲心往往是非常狹隘的。因為它是建立在自我基礎上，只能容納幾個人。內心容納得越少，和世界的對立也就越多。而佛法所提倡的是大慈大悲，是和一切眾生融為一體，

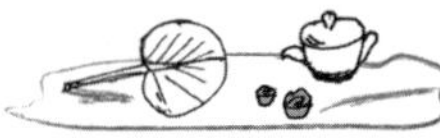

是以一切眾生為說明對象。這種虛空般包容一切、沒有任何對立的慈悲，才是圓滿的慈悲。

此外，生命內在的覺知力也很重要。我們每天都在收看世間的各種新聞或事件，卻很少反觀自己的內心，看看其中究竟發生了什麼。心靈系統本身具有自我觀照的功能，可以進行自我認識、檢測和管理。這種覺知力，是人生最為寶貴的財富，開啟這一功能，就可以幫助我們止惡行善，培養正面情緒，消除不良情緒。

我們的人格是建立在種種心理因素之上。這就需要時常進行審視：它究竟由哪些因素組成？佔據主導地位的又是哪些？對那些給自他帶來利益的正面心理，應積極發揚；對那些給人生構成傷害的負面情緒，應努力消除。這就是佛法修行所做的，事實上，也是人生的意義所在。在整個人生旅程中，唯有生命品質的改善，對我們才具有永久的意義。

心是無盡生命的積累

佛法認為，生命是無盡的積累。我們所有的言行乃至起心動念，即使已經成為過去，也會在內心留下痕跡，形成相應的心理力量。用佛教的話來說，就是「功不唐捐」。在客觀上，所有事情都會成為過去，甚至被逐漸遺忘，但在內心留下的烙印，在生命品質中形成的記錄卻不會自動消失，且會積聚為影響未來生命走向的力量。

從小到大，我們的興趣、能力和習慣就是這樣不斷養成的。其中有些是先天因素，來自往昔的習氣；有些是後天培養，在成長過程中逐漸積累而成。在形成過程中，還會受到不同思想觀念、周邊環境及生活方式的影響。其中，又以觀念的影響力為主。有什麼樣的觀念，就會形成什麼樣的心態，形成什麼樣的生活方式。當觀念發生錯誤，就會導致不良心態和不健康的生活方式。比如人死如燈滅的觀念，會導致及時行樂或消極厭世的心態。在這兩種極端的心態之下，生活品質也就可想而知了。

佛教有個宗派叫唯識宗，將心分為八識，包含意識和潛意識。其中，眼耳鼻舌身

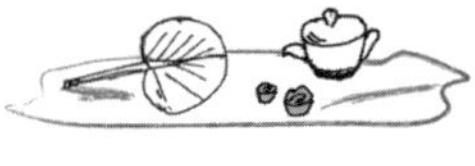

意為前六識，是可以感受到的心理活動，屬於意識範疇。第七末那識和第八阿賴耶識則是直接感受不到的心理活動，屬於潛意識範疇。

唯識宗將第八阿賴耶識作為生命載體。它就像一個有著無限容量的硬碟，儲藏著我們無始以來的生命資訊。在生命延續過程中，過去所有的言行及喜怒哀樂，會在內心形成力量，影響現在的生命。而現在所做的一切，又會成為影響未來生命的力量。

第七識的作用，則是因為對第八識的錯誤執著而產生自我意識。人們之所以會事事以自我為中心，根源就在於此。

第八識雖是生命載體，並非固定不變的靈魂或神我。事實上，它是流動變化的。佛法認為，生命是流動的過程，其變化「剎那生滅，相似相續」。也就是說，它始終處於不斷變化中。這種變化是相似的，就像流水，表面看來始終是同一條河，可其中的水卻在不分晝夜地流動、變化著。第七識出於誤解，在不間斷的審查思量中，始終執第八識為我，念念不忘，從而形成我癡、我見、我愛、我慢四根本煩惱。人們所有的思惟活動，都會受到這種自我意識的影響。

很多人都知道，佛教強調因果。但我們所以為的因果，往往局限於現象，局限於具體事件。事實上，意識活動也離不開因果，我稱之為「心靈因果」。在每個人的生活中，這種因果時時都在發生，只是我們未加關注而已。當我們不斷重複某種想法時，會使其力量不斷增強，久而久之，成為重要的心理因素，進而固定為習慣、性格乃至人格特徵。這就是由因感果的過程。

在我們的內心，每天會出現各種心理，但會重複乃至不斷重複的，都是我們最在意的事。因為我們對內心缺乏觀照，所以，這種重複往往是被動的，是不自覺地被串習推動。我們看到喜歡的人，不由自主就高興了；看到討厭的人，不由自主就起了瞋心。但從來不去想一想，為什麼會產生這些情緒？這些情緒是否健康？是否會使心陷入貪著或對立中？如果不加觀察，這些情緒就會隨串習自動複製，就像電腦中善於自動複製的病毒那樣，最後發展到難以控制的程度。有些人相戀後，一旦失去對方，會情緒失控到自尋短見。原因何在？就是因為他把所有心靈能量都投射到戀愛中，從而製造出力量無限之大的情緒，並作為全部精神支撐。因為這種錯誤強化，失戀就等同

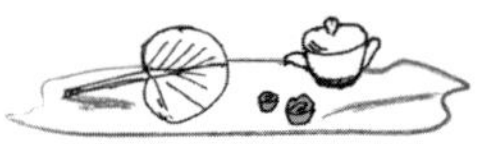

於失去精神依託，甚至喪失活著的興趣。如果沒有把這種對愛的依賴放大到病態程度，失戀不過是一個挫折，不至於構成這樣的悲劇。

佛法認為，心是無常、無我的，這一特徵，決定了我們可以對心進行改造。在生活中遭人排擠，若瞋心較重，不但當下會生氣，事後還會越來越氣。因為這種得到重視的瞋心不會輕易善罷甘休，而會繼續搜索出種種「值得生氣」的理由，為怒火不斷添加燃料，最終使瞋心沖天而起。如果在逆境現前時保有智慧觀照，怒火就不會被輕易點燃。如果在怒火點燃後還有一點觀照，就不會繼續火上加油，使內心完全燃燒起來。

因此，我們在謹言慎行的同時，應著重培養智慧觀照，這樣才會避免錯誤行為的發生和擴大，避免負面心理的重複和增強。

心分真妄二種

佛法認為，心分真心和妄心兩類。真心代表心的本質，在根本上，心是圓滿、自足的，並不缺少什麼。正如《六祖壇經》所說：「菩提自性，本來清淨，但用此心，直了成佛。」

心原本萬法具足，為什麼我們會有那麼多需求呢？那就是妄心的作用。現代人的需求幾乎是古人的百千倍，是否因此比古代人活得開心呢？其實未必。在妄心的層面，往往會將需求得到滿足後所產生快感當作快樂本身。當一種需求產生時，就想方設法地創造條件來滿足它。問題是，這種滿足程度會變化，就像身體會對經常使用的藥物產生抗藥性一樣。一段時間之後，就必須不斷增加劑量或更換藥物。饑餓時，吃飽就能滿足。吃飽後，又要吃好才能滿足。吃好了，又要吃得新奇才能滿足。滿足的標準在不斷提高。

從另一個角度來說，因為生活空間的豐富，物質條件的發達，現代人可以用很多方式來滿足或轉移因需求產生的痛苦。在古代，戀人一旦離別，只有苦苦相思。而對現代人來說，想念時立刻可以電話傳情，即使遠隔重洋，買張機票也能很快相見。再或者，還有各種娛樂可以排遣。但我們要知道，雖然這種需求被轉移，卻又製造出另

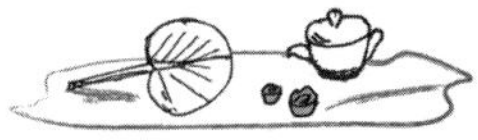

一種需求。

現代人製造了很多需求，並將需求縱容得越來越大。暫時滿足之後，新的需求立即產生或是升級。這也是現代人日益忙碌、不斷追逐的原因所在。按目前的生產力水準，現代人應該過得遠比古人輕鬆才是。事實上，人們普遍感覺很累，因為需求永無止境，操勞也就永無止境。在這些需求中，又有多少是真正的生存需求？我們觀察一下就會發現，其中的大部分，都是在無明驅使下產生的需求。進而對需求產生依賴，而依賴就是痛苦之因。沒有這種需求前，我們一樣可以過得很好。但擁有並習慣之後再失去，痛苦就隨之產生了。我們製造一種需求，就製造了一種苦因。

而那些生活在水邊林下的禪者，已經體悟到生命中自足的層面，不再需要任何身外之物來支撐。正如他們在詩中寫到的那樣，「一池荷葉衣無數，兩樹松花食有餘」。雖然一無所有，但荷葉可以當衣，松花可以充饑，何等怡然，何等自在。不僅禪者能安貧樂道，任何心靈自足的人，都不需要依靠對物欲的滿足來安身立命、尋找人生樂趣。當年，蘇格拉底就曾在集市上感慨：生活中居然有那麼多我不需要的東西啊！

心本是自足、無限而開放的，本來就充滿喜悅。佛法所說的明心見性，就是要我們透徹心的規律，了悟心的本質，以此化解不良需求，清除心靈垃圾，使生命真正找到歸宿。否則，就會熱衷於各種惡性或無謂的需求，為滿足這些需求，把一生大部分時間用來賺錢。而時間就是生命，從這個意義上說，我們就是在用生命換取這些生命中本不需要的東西。這種交換，難道值得嗎？

二、如何改善心理

那麼，佛法又是如何對心進行改善的呢？

皈依、發心

佛教所說的皈依，是對生命歸屬的尋找和選擇。這個歸屬就是佛法僧三寶，代表高尚的生命品質和建立這一品質的方法。人生是不斷選擇的過程，但我們往往只會選

擇職業、家庭等外在條件，只會選擇每天吃什麼、穿什麼。但是佛法告訴我們，更重要的，是對生命的內在需求進行選擇。一個人只有明確自己需要什麼，才知道不要什麼，否則就會隨波逐流。大家要什麼就跟著去要，大家做什麼也跟著去做，並不思考這些對人生究竟有什麼意義。

釋迦牟尼佛成道時發現，每個眾生都具有潛在的、和佛陀同樣的智慧德相，這是人生真正的寶藏，也是我們在世間最大的財富。皈依佛，就是以這種高尚品質的成就作為生命目標。皈依法，就是以佛陀留下的三藏典籍為修行方法。皈依僧，則是以僧

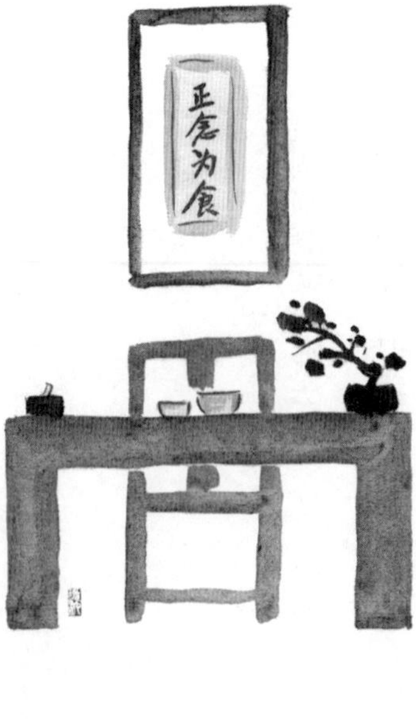

團為指導修學的老師。所以，皈依的意義就在於在善知識的指導下，通過對法的實踐，開發生命潛能，從而成就佛陀那樣的高尚品質。

佛教講的發心，相當於儒家的立志。我們明確人生選擇後，還應立志以成就這一品質為生命目標。同時，做每件事都要有良好的動機，才能向這個目標匯歸。這個動機必須是為了利益他人而非自己。如果做每件事只是想著自己，往往會使私心得到張揚。即使行為本身沒有問題，也會增長我執。反之，時時想著他人，慈悲心就會得到發展，當眼裡完全沒有自己只有眾生時，就與佛菩薩無二無別了。

動機不同，在內心就會發展出不同的心理。所以，用什麼心做事很重要。做任何事情都會有兩種結果，一是外在的結果，二是內在的結果。外在結果，就是事情本身，比如經商賺錢、比賽獲獎等；內在結果，就是做事過程中形成的某種經驗和心理。同樣是經商，有些人為牟取暴利而變得貪婪奸詐，有些人以自利利他之心經營，因注重信譽、依法經營，不僅事業有成，也培養了誠實無欺的品格。

遺憾的是，現代人多關注外在結果，為做事不擇手段，最後把心做壞的比比皆

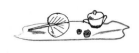

是。如果有正確的人生觀和價值觀，明白心靈對於人生的重要意義，就不會做出這種因小失大的不智之舉了。

戒律、懺悔

在有些人的印象中，戒律似乎就是對人的種種束縛，甚至是不合理的束縛，因此望而生畏。其實，這是對戒律的誤解。從本質上說，戒律是一種幫助我們改善生命品質的行為規範。我們要成就高尚人格，在積極行善的同時，還要努力止惡，使不良心行停止延續。或許有人會說，既然是行為規範，只要照做即可，何必受戒？須知，受戒是通過在佛菩薩面前的宣誓，使這一規範成為人生誓言，從而具有防非止惡的力量。如果只是隨便想一想，可能會做一些，但也可能不了了之。

在家居士所受的五戒，就是在佛菩薩面前表明從今往後不殺、不盜、不邪淫、不妄語、不貪、不瞋、不癡的願望，以此增強對不良心行的防範力和自制力。當不良心行得到控制，良好品質才有更大的發展空間。否則，一旦被不良心行佔據主導地位，就像雜草叢生的稻田，秧苗就會因缺乏空間而被排擠，甚至因為得不到養分而枯萎。

作為凡夫來說，在受持戒律的過程中，難免也會犯戒，這就需要以懺悔進行消除。懺悔是人格的清洗劑，對心靈改善具有極大作用。我們的身體必須經常沐浴，衣服必須經常洗滌，這樣才能保持外在整潔。而在我們的內心，因為不斷被貪瞋癡三毒所染汙，同樣需要清洗，否則就會不斷積聚垃圾。

所以佛教很重視懺悔。人非聖賢，孰能無過？關鍵是犯錯後及時對治。一方面，要把曾經有過的不善行為發露出來；一方面，表示真誠悔過並發誓永不再造。有了強烈悔過之心，罪業就能得到相應化解，乃至徹底剷除，所謂「懺悔則清淨，懺悔則安樂」。這也是心理治療中的重要方法。

培養正念，修定修慧

除戒律外，佛法中還有定、慧修行，為戒定慧三無漏學。

修定，是培養專注、穩定的力量，並使內心變得純淨。我曾做過一個講座，名

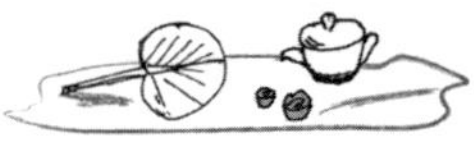

為「清理心靈的泥潭」。在未經清理的內心深處，積澱著無始以來的煩惱塵垢，仿佛厚厚的淤泥。如果沒有定力，這些淤泥會時常泛起來，使心處於混沌狀態。修定，就是選擇一個善的所緣，將心安住其上。再通過不斷的練習和熟悉，使心變得專注而穩定，擺脫昏沉、掉舉、散亂等狀態。

若不去攪動泥潭，淤泥自會逐步沉澱而使池水恢復清澈，這樣才能看到水中的雜物。同樣，以禪定之力平息妄念，才能對自身具有觀照力。所以說，必須在定的基礎上修觀。其實，內心本具自我檢測及觀照能力，只因長期擱置，使這一功能逐步喪失。修習禪定，就是為了讓我們重新認識、恢復並培養這種功能。一旦具備自我觀照的能力，情緒或念頭產生的影響自然就會變弱。

有了定之後，又該如何修觀呢？這就必須具備正見。其中，緣起因果的正見能讓我們認識心念形成及發展的規律，而無常、無我、無自性空的正見則能從根本上解除煩惱心理，獲得空性智慧。

無我的觀修，首先要認識到我們一向執以為我的五蘊中，並無不依賴條件而獨存的我。五蘊本是無明產物，由因緣和合而成。眾緣和合的五蘊，固然不是我；組成五蘊的任何一個因緣，同樣不是我。具備這種認知後，進一步將五蘊的色、受、想、行、識當做客體觀察。這樣才能看清每個念頭的起落，看清漂浮不定的混亂情緒。需要注意的是，當我們把內心作為客體觀察時，不能介入自我。否則，心就會陷入某種情緒或感覺中，無法看清心念活動的真相，依然會隨著串習活動，不由自主地去貪、去瞋。所以說，觀修無我能使我們從執著中擺脫出來，看清心念的起滅。

無自性空的觀修，則是摧毀心念建立的基礎。每個心念的產生都是有因緣的，或是因為某件事，或因為某個人。比如說愛的情緒，恨的情緒，必定是有對象的。不良心理的形成，就是因為對這些對象的錯誤設定及過分執著。無自性空的觀修，則是認識到這些設定的對象並不存在，如杯弓蛇影，純粹是一場誤解。有了這種確切認識後，執著自然鬆動，煩惱也將失去依託。最後，就能從觀照般若契入實相般若。

以上，分別介紹了心的特點及佛法改善心理的途徑，即消除不良心理，開發潛在的高尚品質。這也是佛教心理學的目標所在。

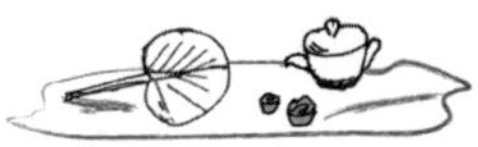

現在風行炒股。炒股，必須選擇一個好的股票才能盈利。在人生中，我們同樣要有選擇地培養心理力量。生命雖然生生不已，但在六道中，得到目前這種可以修學佛法的人身卻很困難。而今生的時間是有限的，若能將這有限的資金投入到無限的利益中，最終成賢成聖，才不枉得人身。

5

心理學視角的佛學世界

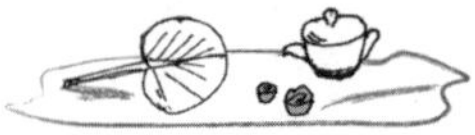

佛教自古就被稱作心性之學，並被國人奉為修身養性的指南。因為佛教關注的核心問題就是「心」，包括對各種心理的剖析，也包括心靈的淨化、改善和提升。從這個意義上說，修行就是修心。

佛教中，關於修心的理論極為豐富。佛教有南傳、漢傳和藏傳三大語系，其中，僅漢傳佛教就有八大宗派，可謂法門林立。其中的每個宗派，對如何認識並改善心靈，都有著從理論到實踐的完整體系，可視為佛教心理學的不同流派。它們不僅是中國傳統文化的重要組成部分，也對國人的心態建設起了良好的調節作用。

梁啟超先生曾經說過：佛教是東方的心理學。相對只有一兩百年歷史的西方心理學來說，它已走過兩千五百多年。在這漫長的歲月中，一代又一代佛弟子依照佛陀指引的方法，降伏煩惱，調禦心行，乃至明心見性。近代以來，這種有著豐富實踐經驗的古老智慧，開始對西方心理學產生了重要影響。如榮格等心理學大師，都在不同程度上吸收佛教思想，作為心理學理論建設和臨床治療的指導。其中，尤以正念學說的影響最大。

由此可見，瞭解佛教思想，不僅有助於認識東方心理學，也有助於瞭解西方心理學。以下，將從三個方面進行介紹。

一、佛教心理治療的原理

佛教是教育，也是心理學。其中既有對心理現象的分析，告訴我們什麼是心靈的健康狀態，什麼是患有疾病的症狀，同時還介紹了如何治療的具體方法。

佛經中，經常將佛陀和眾生的關係比喻為醫生和患者，並稱佛陀為「大醫王」，因為他能「分別病相，曉了藥性，隨病授藥，令眾樂服」。那麼，為什麼將眾生稱為患者呢？難道我們都有病嗎？須知，這個病不是身病，而是心病。在佛教中，對心理疾病的定義就是貪瞋癡。這一點，和心理學的定義是不同的。從心理學的角度來說，那些異於常人且帶來各種障礙的心理問題，才被列入疾病範疇。至於常人都有的貪瞋癡，並不在其治療之列。

而在佛教看來，只要我們內心沒有擺脫貪瞋癡三毒，都不是真正意義上的健康

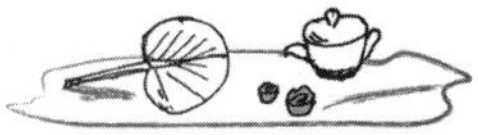

人，都屬於輪迴中的患者。佛陀曾經也是這樣的患者，但他通過修行，最終斷除煩惱，證得覺性，成為一個透徹生命真相的覺者。佛法就是佛陀找到能解除貪瞋癡的方法。

所以說，佛法就是一種治療心理疾病的方法，而修行就是一個治病的過程。

四諦法門

佛法中，治療心理問題的方法很多，經中有八萬四千法門之說。面對如此眾多的法門，如何才能有效契入，暢遊法海？博大精深的佛法，有沒有一個基本綱領？

佛陀最初在菩提樹下悟道後，根據自身的修行經驗、生命存在的問題和解決問題的方法，將修行總結為苦、集、滅、道四諦法門。這是佛陀根據當時醫生治病的過程安立的。當醫生面對一個病患時，首先要進行如實的診斷；其次要找到疾病的根源所在；第三是對治療結果加以評估，知道健康後的狀態是什麼；最後才能提供有效的治療方案。這也是佛教心理治療的基本原理。

四諦法門又包含兩重因果，即輪迴的因果和解脫的因果。輪迴和解脫，是印度文化最為關注的核心問題。印度人普遍認為，生命是一種無盡的輪迴，其中充滿了煩惱和痛苦，充滿了不自由和不自在。所以，印度哲學和宗教所要解決的終極問題，就是從認識輪迴到終止輪迴。印度人稱之為解脫，即終止這種充滿迷惑煩惱的生命延續。

整個佛教也是在解決這個問題，主要分為兩大部分：一是對輪迴做出正確解讀，即四諦法門中的「苦」和「集」；二是指出超越輪迴的解脫之道，即四諦法門中的「滅」和「道」。

所謂苦，是說明人生的痛苦；所謂集，是闡述痛苦的由來。只有正視現實，找到根源，才能究竟解除痛苦。就像治病，必須瞭解疾病的症狀和成因，才有可能對症下藥。如果不能對症，哪怕吃再多的藥，治再久的病，也於事無補，甚至會雪上加霜。

佛法說人生是苦，有人因此誤解佛教是悲觀消極的。我曾就此發了一條微博：「生命的本質是自由而快樂的，只因迷惑，人生才有種種煩惱和痛苦，所以佛教說人

生是苦。一旦止息迷惑煩惱，生命就會恢復本有的清淨、自由和快樂。」之所以說苦，是指凡夫的生命現狀。在這充滿迷惑的人生中，無論有多少表面、暫時的快樂，其本質還是痛苦。為什麼這麼說？因為真正的快樂，無論在什麼時候享受，無論享受多久，都是快樂的。在這個世間，我們找得到這樣的快樂嗎？我們所謂的快樂，只是某個需求得到滿足時的暫時平衡。如果沒有需求為前提，或是所得超出承受能力時，平衡就會被打破，使快樂轉為痛苦。事實上，平衡是暫時的，而不平衡是長久的。

在佛教中，「迷」的另一個表述方式是無明。就像霧霾天那樣，使人看不清生命真相，也看不清世界真相。因為看不清，就會對自己、對世界產生錯誤認定。進而還會執著這種誤解，使生命不斷地製造煩惱和痛苦。可以說，生命的迷惑就是製造痛苦的永動機。所以佛教認為，以無明、迷惑為基礎的人生是痛苦的。這是輪迴的因果。

我們要解決痛苦，既要找到痛苦根源，還要知道痊癒後的健康狀態。四諦法門中「滅」，就是告訴我們解除迷惑、息滅煩惱後的狀態，佛教稱之為涅槃。這是一切躁動平息後的寂靜，是深層的、究竟的、無所不在的寂靜。這種寂靜會源源不斷地散發喜悅。那麼，需要通過什麼方法才能解除痛苦？苦集滅道的「道」，就是告訴我們這個方法。

所以，四諦法門的兩重因果，都是先說結果，再找原因。首先，看到痛苦的現實，知道以迷惑為基礎的人生是充滿痛苦的。其次，明瞭這種痛苦來自生命自身的迷惑和煩惱。第三，知道健康的生命狀態是覺醒、自由和喜悅的，那就是涅槃。最後，瞭解走向涅槃的方法。

佛教雖然有眾多宗派，但對苦的認知和產生苦的原因，觀點是基本一致的。而在不同的解決手段中，核心都是圍繞八正道展開，分別為正見、正思惟、正語、正業、正命、正精進、正念、正定。其中，又包含戒定慧三部分。

第一部分為正見，屬於慧的內容，即如實、客觀地認識世界。佛教認為，正確認識可導向智慧，而錯誤認識將引發煩惱。換言之，一切煩惱都是因為錯誤認識造成的，惟有通過智慧的文化確立正見，才能剷除煩惱，抵達真理。所以在各宗派的修行中，都是以正見為首。比如佛教說緣起，說無常無我，說一切眾生皆有佛性，就屬於

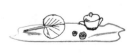

不同宗派的正見。依照這些正見的指引，我們就可以從不同的角度契入修行，成就菩提。

第二部分為正語、正業、正命，屬於戒的內容，即正確的語言、如法的行為和正當的職業，幫助我們建立健康的生活方式。為什麼現在的人心如此混亂？為什麼今天的生態環境日益惡化？其實和我們現有的生活方式有莫大關係。佛教認為，簡單健康的生活方式，正是我們建立良好心態、營造和諧生態環境的重要基礎。

第三部分為正念、正定，屬於定（禪修）的內容。具備正見之後，需要通過禪修，將這種觀念轉化為心行的認識。生活中有不少人研究宗教或哲學後，掌握了很多知識，說起來滔滔不絕、滿腹經綸，但做人不會發生任何改變。為什麼？就是因為沒有把這些道理融入內心，不是以解決人生問題為出發點，更不會以生命去實踐和求證。這樣哪怕學得再多，也只是增加文化的包裝而已，內在的心態、品質依然故我，毫無提升。而把聞思正見轉化為心靈力量的關鍵，就在於禪修。

總之，佛法的一切修行都離不開戒定慧，又稱三無漏學。這個核心是通過八正道來落實的，由此平息生命內在的迷惑煩惱。在佛教中，把煩惱的徹底止息稱為涅槃，或者說，是輪迴的終結。

聲聞乘和菩薩乘

佛法修行有聲聞乘和菩薩乘之分。前者是發出離心，成就個人解脫。在修行上偏向對負面力量的止息，比如講無常、苦、空，側重於否定。當我們僅僅看到這一面時，會覺得佛教比較消極。但要知道，這種否定所揭示的，正是世間的真相。我們期待與我有關的一切能夠永恆，其實萬物時刻都在無常變化中；我們嚮往世間的種種五欲之樂，其實這些欲樂在本質上是痛苦的；我們認為一切實實在在，其實世間根本沒有獨存不變的實體。一切不過是條件的組合，是因緣因果的假象。

而菩薩乘不僅有對負面的否定，還重視正向的開顯，認為生命有兩個層面，一是由無明迷惑展開的痛苦人生，二是依內在覺性開顯的快樂人生。所以大乘佛法說到了淨土的殊勝莊嚴，說到了菩薩的無盡悲願，說到要盡未來際地利益眾生，這種開闊的

胸懷和慈悲，讓生命充滿希望，深受鼓舞。這是聲聞乘和菩薩乘在修行上的不同之處。

此外，聲聞乘認為，涅槃就是修行的終點。只要消除生命中的迷惑煩惱，就「所作已辦，不受後有」，沒什麼必須做的了。但對菩薩乘行者來說，不僅自己要出離輪迴、走向覺醒，還要幫助一切眾生走向覺醒。

所以，聲聞乘和菩薩乘又被稱為小乘和大乘。所謂乘，就像交通工具一樣，有的車只能裝下自己一人，而有的車則能帶領無量眾生，從輪迴此岸走向覺醒彼岸。

因緣因果

佛教治療心理疾病的原理，就是「因緣因果」，這也是佛教對世界的解釋。它不是來自邏輯推斷，也不是來自思惟冥想，而是佛陀在菩提樹下親證的、透徹諸法實相的智慧。佛陀在《阿含經》中告訴我們：「有因有緣世間集，有因有緣世間滅。」也就是說，世間任何現象的產生，都是因緣和合的結果，是由「如是因感如是果」。此外，在佛陀教法中還有這樣的四句話：「此有故彼有，此生故彼生，此無故彼無，此滅故彼滅。」因為有某種因緣出現，才有某種結果產生；如果某種因緣消失，相應的結果就消失了。同樣，我們也要找到問題的癥結所在，才能有的放矢地解決它。

對於生命問題，我們也要使用這種原理。比如對苦的解決，可以說，人類五千年文明都在試圖擺脫痛苦，追求幸福。用佛教的話說，就是要離苦得樂。這是一切文明的共同目標，包括科學技術，也包括文學、藝術、哲學乃至宗教。近百年來，物質文明有了突飛猛進的發展，我們有了過去難以想像的生活條件，但現代人的痛苦並沒有因此減少，反而活得更累，更煩惱。累，是因為欲望太多，所以相互攀比、貪得無厭；煩惱，是因為執著太多，所以患得患失、壓力重重。可見，僅僅改善外在環境不能從根本上解決問題。無論付出多少努力，也不過是揚湯止沸式的作秀，而不是釜底抽薪式的根治。

除了過多的欲望，錯誤觀念也是導致痛苦的源頭之一。佛教認為，理性是雙刃劍。「知之一字」，既是「眾妙之門」，亦是「眾禍之根」。縱觀歷史，那些深重的仇恨、血腥的殺戮、殘暴的戰爭等等，無不是錯誤觀念所導致。可見，錯誤觀念不僅會給個人帶來痛苦，更會給人類帶來極大的災難，甚至毀滅性的打擊。

在修行過程中，如果沒有正見指引，所採取的方式也不可能是有效的。在印度傳統宗教中，苦行和禪定被普遍推崇。在佛經中，記載了很多苦行外道的所作所為，他們對身體的折磨，真是無所不用其極。這種情況甚至沿襲至今，比如有位苦行僧舉手舉了三十七年，從不放下。他們認為

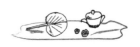

通過這樣折磨色身後，欲望就不會產生，從而淨化身心，出離輪迴。此外，他們還很重視禪定的修行，認為在定中可以降伏欲望，達到超越塵世的境界。

當年，佛陀同樣嘗試過這些方法，苦行六年之久，而禪定功夫也達到了當時的至高境界。最終卻發現，這些解決方法都是石頭壓草式的。當人們因為苦行而精疲力竭，或是因為入定而享受禪悅時，欲望確實會暫時蟄伏起來。但並沒有化解，沒有斬草除根，就像枯萎的野草，一旦時機到來，便會「春風吹又生」了。

所以說，僅僅從外部壓制並不是徹底的解決之道。佛陀教導我們的，是探尋痛苦的真正成因，從而找出治療方法、對症下藥，這是佛教解決心理問題的重要思路。這個道理聽起來非常簡單，似乎誰都知道。但如果沒有對生命的透徹認識，是難以找到病症所在的，往往只是在表相上打轉，頭痛醫頭，腳痛醫腳。總在醫，也總在痛，永遠沒有痊癒之日。

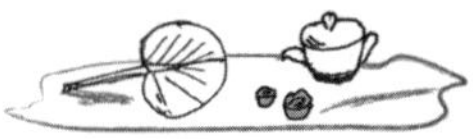

佛陀的重大發現

佛陀在菩提樹下證道時發現，每個眾生都有覺悟的潛質，都有自我拯救的能力，可以完成對生命的自我治療。因為生命原本就是清淨、快樂和自由的，只是被無明所惑，才會顛倒夢想，煩惱重重。我覺得，這個發現要比科學史上的任何發現更為重要，因為它給生命帶來了希望。

從心理治療的角度來說，這個發現如同一顆定心丸，讓我們明白：不論現在有多少問題，有多少煩惱和痛苦，只要願意改變，都有光明的前景。因為我們的本性是清淨而非染汙的，是圓滿而非殘缺，是自由自在而非需要依賴的。

菩薩乘的修行核心，就是引導我們開發生命內在的覺悟潛質。佛陀在晚年所說的《法華經》中告訴我們：「諸佛世尊唯以一大事因緣故出現於世。」這個使命就是令眾生開示悟入佛之知見，也就是說，引導眾生開啟、發現、證悟及成就佛陀那樣的智慧。因為這種智慧就在每個人心中，是我們本來具足的寶藏。修行所做的，就是開發、使用它，從而完成生命的自我治療。

從佛教角度來看，真正的健康者，一方面是徹底斷除迷惑煩惱，一方面是圓滿開發覺悟潛質。這種潛質，就是與三世諸佛無二無別的大智慧和大慈悲。當這種品質被完全開顯，我們就會成為佛菩薩那樣的人。在這個意義上說，自己才是最好的治療師。

二、佛教對心的認識

佛教中，對心的介紹及修心的內容極為豐富。可以說，三藏十二部典籍，無不是圍繞「心」而展開。其中，又分為妄心和真心兩大類。所謂妄心，就是我們現前的心理狀態，是在迷惑基礎上發展而來的種種心理現象，就像厚厚的雲層，風起雲湧，變幻莫測。但在雲層背後，是澄澈的天空，從不染汙，從不動搖。這是心的兩個層面，也是修行的不同入手處。

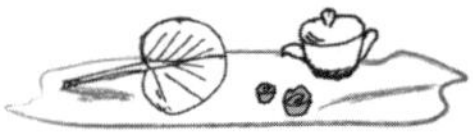

意識和潛意識

阿含和唯識經論主要從妄心進行論述。尤其是唯識宗，將心理活動分為八識五十一心所，闡述得最為詳盡。

八識，即眼、耳、鼻、舌、身、意六識和第七末那識、第八阿賴耶識。前六識屬於意識的範疇，其中，又以第六識的活動能量最大，範圍最廣，也最易為我們所認知。而第七識和第八識屬於潛意識的範疇。

第七末那識，用心理學術語來說，就是潛在的自我意識。人為什麼會本能地以自我為中心？這個自我意識是如何產生的？佛教認為，就是因為第七末那識執第八阿賴耶識為「我」。

所謂阿賴耶識，就是生命載體，相當於一個容量無限大的庫房。在無盡生命延續的過程中，身口意三業的一切活動，每說一句話，做一件事，都會在內心留下記錄，成為心理力量，又稱種子。當某個行為被不斷重複之後，相應的心理力量也在不斷強化，唯識宗稱之為「種子生現行，現行熏種子」。久而久之，這種心理力量就能成為心靈世界的主導。就像一個人喜歡貪，貪心會越來越大；習慣發脾氣，瞋心會越來越強。反之，不斷培養慈悲，慈悲也會日益增長。總之，你選擇什麼，發展什麼，就會成為什麼。

佛教認為，生命是生生不已的延續，從無窮的過去一直延續到無盡的未來。在此期間，就是由阿賴耶識儲存的心理力量，推動生命發展。所以，阿賴耶識是相似相續，而非一成不變的。它會隨著人生經驗的積累，形成不同記錄，並由這種內涵的改變，影響未來的生命走向。

同時，阿賴耶識保存的種子，還會成為心理活動的基礎。比如我們有各種愛好；擅長做這個、不擅長做那個；喜歡這個人、不喜歡那個人，都是因為內心播下相應的種子。當你看見某個人覺得討厭，就是種子在產生作用，使你產生厭惡、不接納的情緒。如果種子不曾現行，那麼看見就只是看見，不會引發進一步的心理活動。

阿賴耶識是輪迴的載體，貫穿整個生命的延續過程，無休無止，不曾少息，而前

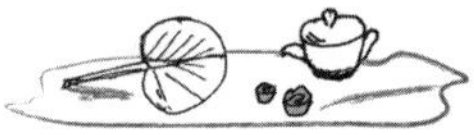

六識都是會中斷的。比如意識，雖然活動範圍很廣，但在深睡、昏厥或無想定、滅盡定等狀態時，也是不起作用的。當意識不起作用時，人並沒有死去，就是由阿賴耶識在執持這個身體。

但阿賴耶識又不同於靈魂，靈魂的定義是恆常不變的，而阿賴耶識的內容會不斷改變，它所執持的色身也在不斷變化。正因為如此，修行才有其價值。如果生命是固定不變的，還有修行的必要嗎？正因為它可以改變，所以我們才要通過修行轉變不良品質，轉染成淨，轉識成智。

雖然阿賴耶識是相似相續、不常不斷的，但末那識卻把它看做恆常不變，進而執以為「我」，形成生命中潛在的、與生俱來的自我意識。這也是一切問題的根源所在。人類種種煩惱的產生都和「我執」有關，基於此，佛教提出「無我」的修行。

很多人對「無我」的概念有一種恐懼感，以為這就表示我這個人從此不存在了。所以常常有人會問：如果無我，誰在修行，誰在成佛？事實上，佛教所說的「無我」並不是否定你的存在，而是要否定我們對生命現象的誤解和執著。

我們所以為的「我」是什麼呢？或是執著身份為「我」，或是執著地位為「我」，或是執著身體為「我」，或是執著事業為「我」。其實，所有這些只是暫時和我們有關而已。可我們一旦將之視為「我」，就會產生強烈的依賴和貪著，害怕失去這一切。

執著身份為「我」，就擔心身份發生改變；執著地位為「我」，就害怕地位受到衝擊；執著身體為「我」，就恐懼身體的衰老病變；執著事業為「我」，就憂慮事業的興衰成敗。一旦這些物件發生我們不希望看到的改變，就會悲傷難過，甚至失去生命的支撐點。可見對外在的依賴和貪著，正是痛苦產生的根源。佛教所說的「無我」，就是要否定對這些「假我」的錯誤認定，使我們找到真正的自己，找到那個本來面目。

可見，相對意識來說，潛意識才是生命中最重要的部分。西方心理學家佛洛伊德也說，意識只是冰山露出水面的微不足道部分，潛意識才是它在水下的巨大存在。

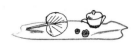

煩惱和解脫的心理

心理學有教育心理學、臨床心理學等不同分類，對心理的分析各有側重。從作用來說，佛教也可稱為解脫的心理學。因為瞭解妄心只是手段，目的是讓我們認識到，輪迴主要由哪些心理構成，從輪迴到解脫又需要哪些心理。

佛教對心理的歸納，主要分為三塊。第一是普通心理，即一般心理學都會講到的常規心理。比如在色受想行識五蘊中，就包含三種普通心理。受是情感，又分苦、樂、憂、喜、舍五種，其中，苦和樂主要偏向生理，憂和喜主要偏向心理，而不苦不樂、無憂無喜則稱為舍受。想是思惟，屬於理性認知的範疇。行是意志，是想好之後準備行動。此外，唯識所說的作意、觸、受、想、思，又稱五遍行，也是屬於遍一切時、一切處、一切活動的普通心理。

第二是不善的心理，佛教稱之為煩惱，即擾亂內心的力量。我們的心本來可以是清淨、自在而喜悅的，但被煩惱入侵後，就不得安寧了。比如產生仇恨、貪婪、嫉妒等情緒時，內心就會暗潮洶湧，甚至失去理智，做出衝動的行為。

煩惱的種類很多。唯識宗認為，根本煩惱有貪、瞋、癡、慢、疑、惡見六種。伴隨根本煩惱產生的隨煩惱有二十種，分別是忿、恨、覆、惱、嫉、慳、誑、諂、害、憍十種小隨煩惱；無慚、無愧兩種中隨煩惱；掉舉、昏沉、不信、懈怠、放逸、失念、散亂、不正知八種大隨煩惱。

在根本煩惱中，又以貪瞋癡最為突出，佛教稱之為三毒。癡就是無明迷惑，讓我們看不清生命真相，看不清輪迴之本。因為看不清，就會胡思亂想，對自我產生錯誤認定，把種種外在的附屬當作是我，並產生依賴。因為依賴，就會進一步貪著，希望它們永遠屬於自己。但我們要知道，世界是無常變化的，沒有任何東西可以永恆。這本是世界發展的自然規律，如果我們接納、順應它，無論發生什麼，都會處之泰然。可一旦有了貪著，就會帶來焦慮和恐懼。

現代人特別缺乏安全感，為什麼？難道我們的生存保障比以往更匱乏嗎？顯然不是。原因主要有兩點，一是發達的資訊讓我們更瞭解世事無常，二是我們不願失去已

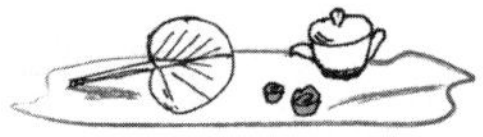

有的一切。事實上，當你貪著的越多，擁有的越多，對失去的恐懼也就越多。因為貪著，一旦我們在乎的東西受到衝擊，就會引發對立和抵觸。這種瞋心有著極大的破壞力，正如佛經所說：「一念瞋心起，百萬障門開。」

總之，所有的心理疾病都和貪瞋癡有關。根源在於癡，而直接發端於貪和瞋。當然，從心理學的角度來說，並不是所有的貪和瞋都會導致心理疾病，只要不過度，不帶來心理障礙，不導致性格畸變，就還在正常範疇。這也是佛教和心理學的區別所在。

第三是善的心理，與解脫相應的心理，比如戒定慧。其中，又以慧為根本，即對世界和人生的正確認識。具備這種認識，並對此深信不疑，就是佛法所說的正見，這是產生正念的前提。近年來，西方心理學界對正念非常重視，並已將之應用到心理治療、教育、醫療等各個方面。

心理學界有關正念的介紹，比如怎麼用心、怎麼操作，往往偏向技術層面。當然，禪修本身就是一門調心的技術，但這種技術離不開正見。在八正道中，正念必須以正見為基礎，以健康生活為基礎。如果不重視正見的引導和健康生活的輔助，正念就會成為孤立的技術，即使能用起來，也收效甚微，不能發揮它應有的作用。所以在解脫心理學中，正念的修行要以正見為前提。

佛教各宗派都有不同的正見，相應的，正念也有不同的內涵。通常，正念是就念頭的善惡而言，念五欲六塵屬於惡念，念佛、念法、念僧屬於善念。而南傳佛教所說的正念則超越善惡，是指內心對念頭的觀照力和覺察力。至於從禪宗的角度來說，最高的正念就是空性，是念而無念。總之，修行就是對念頭的選擇。見地不同，落實到正念的修行，高度也不一樣。

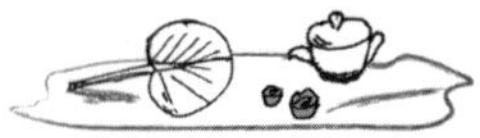

念之後是定，即選擇某個心理狀態後，安住其中，不斷地熟悉和重複，讓正念成為內心的常規狀態，而且是最穩定的常規狀態。在定的修行中，要排除掉舉和昏沉兩種狀態。現代人普遍浮躁，總要不停地說著、做著、玩著，片刻不得安寧，即使身體坐著不動，內心也是妄念紛飛，這就是掉舉的直接表現。昏沉則是內心昏暗，混混沌沌，無法集中精力。現代人的心，多半處於這兩種狀態。

這就需要通過禪定的修行，將心專注於一點，或是呼吸，或是佛號，讓其他種種妄念因為得不到支持而沉下來。就像濁水加以沉澱就會變得清澈那樣，此時，心光才會呈現出來，變得了了明知。具足這樣的觀照力之後，才能導向無貪、無瞋、無癡的心行。而在貪瞋癡的狀態下，我們往往是在不知不覺中被控制、被驅使、被左右，何其辛苦！

「心性本淨，客塵所染。」心的本質是清淨光明的，我們現在呈現的一切染汙，只是貪瞋癡的遮蔽。但要知道，貪瞋癡並不是生命的本來，而是依附在其上的塵埃。對此，我們既不要掉以輕心，也不要驚慌失措，只須時時掃除，即可去塵除垢，平息煩惱，就像禪宗神秀祖師所說：「時時勤拂拭，勿使惹塵埃。」當內心不再有煩惱雜染，就會進入清淨和安寧的狀態，其中充滿一切正能量，是空明而喜悅的。

除了以上三種，還有一種狀態是行舍，即不偏不倚的平衡狀態，這也是生命的本來狀態。但我們對外在世界有了貪著之後，就會形成種種依賴。只有在需求得到滿足時，才能獲得暫時平衡。希求權力的人，得到權力後會獲得平衡；需要財富的人，得到財富後會獲得平衡。問題是，這些東西隨時都會失去或變化。如果需要依賴外在條件才能平衡便很難維繫。更多時候，都是在一種不平衡的狀態。佛法告訴我們，只要擺脫外在依賴，消除內在躁動，心本來就是平衡、自足的。就像虛空，不需要支撐，也不需要平衡。

真心

以上所說的八識和心所是從妄心進行闡述，而從漢傳佛教的傳統來看，更推崇真心系統的經論。早在魏晉南北朝時期，《涅槃經》就被翻譯到中國，核心思想是一切

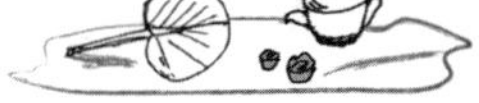

眾生都有佛性，都能成佛。這是立足於真心來展開修行，和妄心系統的經論有著不同的契入點。其後，這一思想始終是漢傳佛教的主流，影響至今。此外，《楞嚴經》《楞伽經》等也告訴我們，每個生命都有無盡的寶藏，只是因為迷失自己，才被貪瞋癡所控制。就像一個從小被拐賣他鄉的富家子，因為不知道自己原有的身份，不知道自己名下有億萬資產，只能到處流浪，乞討為生。一旦找到自己的家，就具足一切了。因為這些本來就屬於我們，不需要外求，也不需要創造。

禪宗就是根據這種見地，開啟了頓悟法門的修行，告訴我們：「菩提自性，本來清淨，但用此心，直了成佛。」每個生命都有內在覺性，只需認識即可。這種建立於內在覺性的方法，為我們提供了成佛的快捷之道，故有「直指人心，見性成佛」之說。

佛經中，對這個內在覺性有諸多描述，最常見的是以虛空為喻。虛空是無限的，覺性也是無限的；虛空是無相的，覺性也是無相的；虛空能含藏一切，覺性也能含藏一切。但心與虛空的不同在於，虛空是無情，沒有知覺的；而心是有情，有知覺的，有了了明知的功能。

雖然心可以遍知一切，但又不能黏著，否則就會一葉蔽目，從無限變成有限的一點點。學佛人都知道「不要執著」這句話，但說起來容易，做起來並不容易。因為貪著與需求有關，而妄心本身就有著貪著的特點，不同只是在於輕重之別。嚴重的在乎就嚴重地貪著，小小的在乎就小小地貪著。如何才能去除貪著？一方面，要在平時建立正確觀念，養成良好習慣，不要忽視乃至縱容貪著的發展；另一方面，是要明心見性，這樣才能在根本上剷除貪著之根，證得空性，真正做到《金剛經》所說的「應無所住而生其心」。

三、佛教對心理問題的解決

佛教所有法門的修行，都是為了幫助我們解決心理問題。其治療目標，一是徹底解決內在的貪瞋癡，二是圓滿開發生命的良性品質，即大智慧和大慈悲。佛經說，佛陀具備三德二利。三德，即斷德、智德和悲德。斷德是徹底斷除煩惱，即涅槃的功

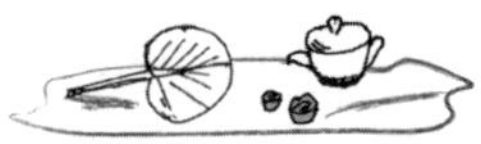

德。智德是大智慧的開顯，成就根本智和後得智。悲德是大慈悲的成就，對一切眾生生起無限的慈悲。二利，就是自利和利他，不僅能讓自己了生脫死，走出輪迴，也能幫助一切眾生實現同樣的利益。

如何才能達到這個目標？在此通過佛教的幾種常規修行，簡要說明它們在心理治療中的作用。

皈依

皈依，即皈依佛、法、僧三寶。其中，又包含外在的住持三寶和內在的自性三寶。

皈依外在三寶，首先是以佛陀作為健康人格的榜樣。佛教對心理健康的定義，並不是我們所說的一般人，而是以佛菩薩為標準，完全斷除貪瞋癡，成就生命內在的慈悲和智慧。

其次，對佛法建立完全的信任，因為這是佛陀為我們提供的心理治療方案。第三，有具德善知識為導師，通過依法修行來完成治療。如果認識不到貪瞋癡帶來的禍患，不希求佛陀成就的品質，不相信佛法可以解決問題，那麼佛法是起不到什麼作用的。從心理學來說，這些認知正是心理治療的前提。

此外，我們還要皈依內在的自性三寶，相信自身就具有三寶的內涵，具有覺悟的本質。因為修行的目的，只是為了掌握解決問題的方法。

禪宗的《指月錄》就告訴我們，經書只是指著月亮的手指，而非月亮本身。真正的月亮在每個人心裡，通過這個手指，是要幫助我們瞭解內在佛性，進而開發本具的覺悟潛質。

所以說，皈依外在三寶的最終目的，是讓我們認識內在三寶。如果僅僅停留在外在三寶，不認識內在三寶，這種信仰比較膚淺，並非佛教所提倡的。從心理學角度來說，就是要完成生命的自我治療和自我拯救。

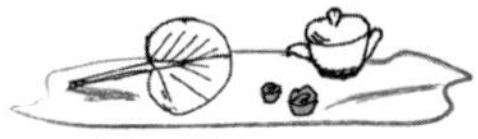

發心

發心，即發展什麼心理，這代表對生命目標的選擇。常有人說，學佛幹什麼，做個好人就行了。但大千世界，芸芸眾生，好人的標準是什麼？歷史上有老子、孔子和蘇格拉底等古聖先賢，社會上也有不少道德高尚者，這些都值得學習。但智慧的高度不同，德行的高度也不同，所以我們需要選擇一個目標，為生命發展做好規劃。

我們之所以學佛，是相信佛陀的品質最為圓滿，最為究竟。那麼，怎樣才能成就這些品質？需要從發心開始。不論是否學佛，我們每天都在發心，其中有貪心、瞋心、嫉妒心，也有慈悲心和利他心。人就是由這些不同心理組成的，如果缺乏智慧，只能不加選擇地跟著感覺走，這種生命發展是被動、麻木的，看不到未來，結果往往被貪瞋癡佔據主導。事實上，這也是多數人的生命現狀。

人有魔性和佛性，發展魔性會淪為魔鬼，發展佛性則會成佛作祖。修行所做的，就是了解生命中有哪些已經呈現的心理，還有哪些潛在的心理，然後依法進行選擇，阻止不良心理的發展，鼓勵良性心理的發展，使生命生生增上。

佛教提倡的發心，主要是出離心和菩提心。所謂出離心，就是擺脫貪瞋癡和五欲六塵的決心。而菩提心則是對出離心的延伸和圓滿，是將這種心理延伸到一切眾生，希望一切眾生都能擺脫煩惱，走向解脫。從心理治療來說，發心就是要生起戰勝疾病、恢復健康的願望，只有這樣，才能進一步接受治療。

戒律和懺悔

說到戒律，人們往往想到一些約束性的條文，似乎與現代人崇尚自由的個性相衝突。事實上，佛陀設立戒律的意義，不是為了約束誰，而是為了幫助我們建立心理的自我保護機制。

我們目前的生命平台是貪瞋癡，一旦失控，就會導致各種犯罪行為。比如因為貪色、貪財、貪權而導致犯罪，或是因為瞋心而殺人放火、偷盜搶劫等等。總之，所有犯罪現象的成因，都不外乎是貪瞋癡。受持戒律，就是為了建立防範機制，讓貪瞋癡

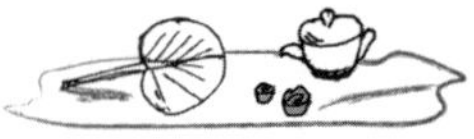

控制在一定範圍內，並逐步減少，從而保證人格的健康。

而懺悔則是犯錯後的補救措施。人非聖賢，孰能無過。對於凡夫來說，犯錯是難免的，關鍵是及時認識錯誤。就像衣服髒了需要清洗，當內心受到汙染，也需要通過懺悔加以清理。佛教的懺悔，包括懺和悔兩部分。懺是在佛菩薩或善知識、道友前發露自己的過錯，悔是因為知錯而發願不再繼續。通過發露，可以幫助我們清理因為犯錯造成的負面心理、卸下包袱，並引發內在的正向力量。所以說，懺悔是人格的清洗劑，也是心靈的排毒藥，使病毒不會在內心積聚，從而保持健康。很多人之所以產生心理疾病，就是犯錯後不懂得懺悔，從而使心結越來越重，不良習氣越來越深，最後積重難返，釀成疾病。

布施、忍辱和正見

菩薩道的修行，主要有布施、持戒、忍辱、精進、禪定、般若六度。這些都是心理治療的有效手段。在此簡單介紹其中的三種。

布施，是通過施捨來解除執著。一個樂善好施的人，不論是財布施、法布施還是無畏施，每做一次，相應的貪著就會隨之減少一點。當貪著少了，煩惱自然也隨之減少。而當我們用利他心去幫助別人時，慈悲也會增加，從而開啟內在的正向心理。

忍辱，是通過接納來消除瞋心。有些人以為，忍辱就是要硬生生忍著不發作。其實這只是一味壓制而已，對身心健康都不利，並非佛教提倡的忍辱。佛教所說的忍辱，是在遇到逆境時以智慧進行觀照，然後理解、接納它，而不是本能地產生對立。一般人都是活在自我感覺中，一旦利益受到衝突，就會心生瞋恨。而在佛教看來，當別人傷害你的時候，他本身就是煩惱的受害者，是被內在的無明所控制，身不由己。如果我們因此心生瞋恨，就是在和對方的煩惱相應，是非常愚癡而不智的行為。所以，佛教讓我們對任何事都要理性地接納，智慧地處理，而不是消極逃避。

般若就是正見，也是六度的核心。布施等前五度並非佛教特有，而是和世間法所共的，只有在般若智慧的指引下，才會成為佛道的資糧。所以在修行過程中，最重要的就是正見，一切行為都要以正確認識為前提。心理學也有認知療法，因為很多心理

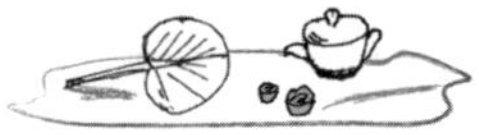

問題是和極端、病態的想法有關。觀念會製造心態，心態會決定命運。我們要提升生命品質，就要從改變認識開始，學會以佛法正見看世界，以緣起眼光看世界。當我們有了這樣的認識後，會發現一切都是條件的假象，是緣生緣滅的，由此減少對世界的貪著。進而通過禪修，將這種認識落實到心行，開發內在的空性智慧，在根本上解決生命問題。

四、結說

佛教和心理學的相通之處，都是在關注「心」，解決人們的心理問題。不同在心理學著重解決異常的心理問題，而佛教認為，只要還有貪瞋癡，就存在心理疾病的隱患，就是一個煩惱的帶菌者。所以，佛教修行不僅要解決貪瞋癡產生的問題，還要解決貪瞋癡本身，進而開發生命內在的良性潛質。只有這樣，才能成為真正意義上的、圓滿無瑕的健康者。

6

人心、人性與人生

——2016 年夏講於南普陀寺講堂

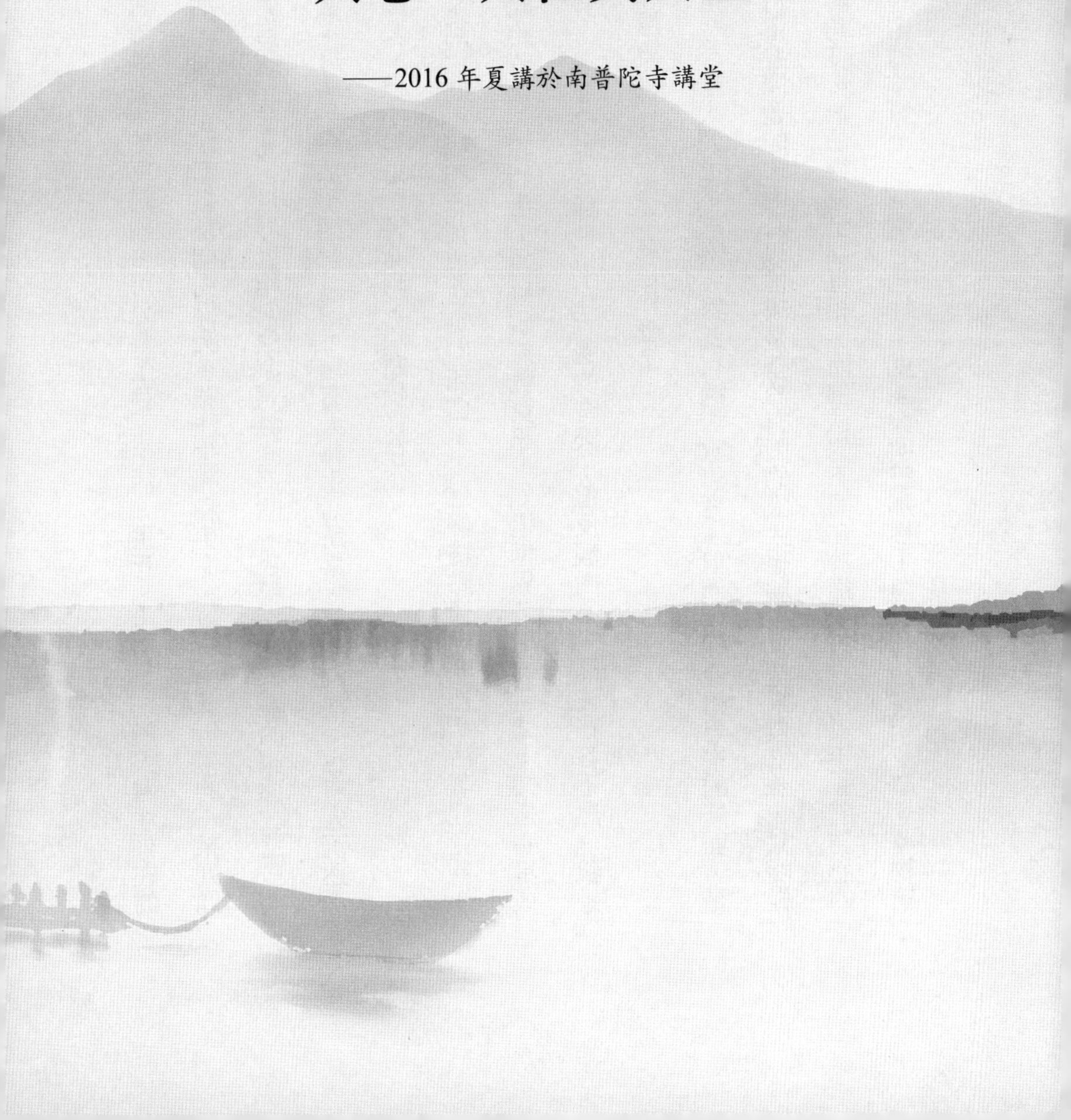

人生包羅萬象，簡單歸納，可分為生存、生活、生死、生命。一般人關注外在的生存和生活，而哲學、宗教是向內探究，關注生死和生命，以及由此衍生的一系列問題，包括對自我、命運、世界真相、生命意義的追問，我稱之為永恆的困惑。這些問題生而有之，每個生命都要面對。只不過有人為生活所累，無暇關注；也有人沉迷享樂，無心顧及。但不論是否意識到，問題始終存在。

自從來到世間，我們時刻都在走向死亡——這個終點通向哪裡？活著究竟為什麼？身處網路時代，我們每天要接收無數資訊，知道世界各地的新聞，知道明星或百姓的八卦，津津樂道於種種遠在天邊的奇談，但反觀內心，卻往往答不出「我是誰」。為什麼會這樣？答案究竟是什麼？

從古至今，哲人們上下求索，對此有過無數思考。但僅僅從邏輯思惟的層面，是不可能想清這些問題的。因為思惟或是基於有限的人生經驗，或是來自玄想，只能提供某個認識角度，無法得見全部真相。而佛法的不同在於從認識心性入手。因為心的本質就是宇宙的本質，一旦明心見性，就能像明鏡那樣，照見諸法實相，照見萬物顯現。事實上，佛法所揭示的規律本就存在，佛陀只是發現者，進而將他的所見和尋找方法和盤托出，引導我們依法修行，證佛所證。從這個角度探討人心、人性與人生，可以幫助我們看清自己，認識世界。以下，從五個方面和大家分享。

一、認識心性才能看清「我是誰」

斯芬克斯之謎

西方有個著名典故，叫作「斯芬克斯之謎」。斯芬克斯是人面獅身的怪獸，牠守在古希臘忒拜城外的山頭，向每個過路者提問：什麼東西早上四隻腳，中午兩隻腳，晚上三隻腳？如果路人答不出，就會被怪獸吃掉；如果有人答對，牠就得自殺身亡。在很多人因為不知答案而喪生後，俄狄浦斯王子揭開了謎底──那就是「人」。人嬰兒時趴在地上手足並用，是四隻腳；長大後站立行走，是兩隻腳；老年後撐起拐杖，是三隻腳。這個典故告訴我們，如果生而為人，卻不瞭解人是怎麼回事，將付出慘重

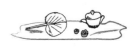

代價。

「認識你自己」，也是古希臘阿波羅神廟門楣上鐫刻的神諭。這句話看似簡單，卻是每個生命必須面對的終極問題。想一想，如果我們不知道作為人特有的意義，即使創造了再輝煌的物質文明，還是活得不明不白，不知來處、不見歸處。

怎樣才能認識自己？究竟認識什麼？不是我們的身體，不是外在的身份、地位、財富，也不是內在的想法、情緒、觀念，這些都是緣起、無常變化的，不能代表「我」。我們真正要認識的，是人心和人性，這才是生命本質的存在。佛法所說的明心見性，正是抓住了這個根本。

明和無明

每個生命內在都有無明和明兩種力量。所謂無明，即凡夫現有的懵懂狀態。就像身處漆黑的暗夜，什麼都看不清，只能隨著感覺向外抓取。因為看不清「我是誰」，就會產生錯誤設定，把身體、身份、地位當作我，把情緒和想法當作我……進而產生依賴，害怕失去。把身體當作「我」，就害怕我會隨著死亡消失，不知身體只是供自己暫時使用的工具，期限一到就會報廢。把情緒當作「我」，遇到逆境就會陷入焦慮、恐懼、仇恨、憤怒，使情緒成為主宰，不知這是將主權拱手相讓。可以說，人生一切煩惱都來自無明，以及對自我的錯誤認識。

所謂明，即眾生本具的般若智慧。但在凡夫狀態，這個智慧是被遮蔽的，雖有若無。這就需要聽聞正法，如理思惟，從而點亮心燈，照見身心內外的一切，看清其中究竟有些什麼。佛陀在證悟後告訴我們，五蘊身心是緣起的，其中並沒有作為本質的「我」。

「無我」的觀念，是佛法和其他宗教、哲學的最大不同。很多人聽到無我會不解——難道「我」不存在嗎？那現在這個能說能動的是什麼？其實，無我並不是否定我的存在，而是去除對自我的錯誤認定。也就是說，我們現在所認定的，用身體、情緒、想法、身份和地位等材料堆砌的「我」，是不存在的。

《楞嚴經》的「七處徵心」也是讓我們尋找：心到底在哪裡？在身內？在身外？

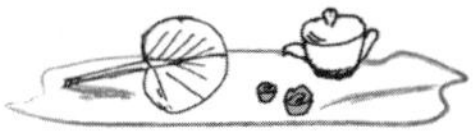

潛在根內？在內外明暗之間？在隨所合處？在根塵之中？在無所著處？很多時候，我們就活在種種念頭中，被念頭支配並佔據整個心靈。難道這些和我們息息相關的念頭，也不是「我」嗎？《楞嚴經》中，把這些稱為「前塵影事」，是眼耳鼻舌身意六根，面對色聲香味觸法六塵時留下的影像。其中蘊含著過去的生命經驗及相關情緒。我們現在的生命狀態，正是這些經驗、情緒的積累。這種積累由眾緣和合而生，本質上是虛幻的，並非真實的存在，不能把這些顯現當作「我」。

從心找到自己

心念是什麼？當我們陷入情緒時，會覺得它無比強大，難以擺脫。可當我們有能力靜下心來審視，心念將被解構。就像我們曾經有過愛、恨、不捨，也有過逃避，但時過境遷，這些情緒又在哪裡？不僅過去的心念找不到，現在乃至未來的心念同樣找不到，也就是《金剛經》所說的「過去心不可得，現在心不可得，未來心不可得」。

透過虛妄的心，我們才能找到自己。當年禪宗二祖慧可依止初祖達摩時說：「我心不安，乞師與安。」達摩的回應是：「將心來，與汝安！」二祖聞言反觀：這種讓自己不安的心到底是什麼？尋找的過程，意味著對妄心的深入觀照。在審視的當下，不安就被解構了。所以二祖發現，竟然「覓心了不可得」。

當瞋恨、恐懼、焦慮等種種情緒生起時，我們通常有兩種反應，一是逃避，無聊了就用娛樂消遣，恐懼了就找靠山依傍，但這些只能暫時轉移無聊和恐懼，不能從根本上解決問題。二是放大，起貪心時，找一堆理由感覺自己非要不可；起瞋心時，也找一堆理由感覺自己理直氣壯。於是，就讓開始的一念貪瞋在縱容下變本加厲。

所有情緒的源頭，都來自「我」。感覺「我」無處安放，所以無聊；害怕「我」受到衝擊，所以恐懼；為了證明「我」的存在，所以「我要，我恨」。這個假我製造了種種情緒，好讓自己顯得強大，但終究還是假的。所以解決情緒的重點不在於情緒本身，而是找到真心，找到究竟什麼代表「我」的存在，這才是一招制勝的終極手段。

禪宗的參禪，正是通過深入審視，不斷去除非我的部分，最終水清月現，看到心

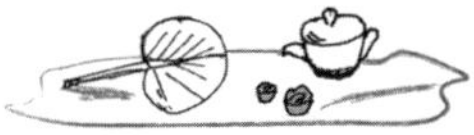

的本來面目——那才是真正的自己，也是安身立命的所在。所以說，認識心性才能看清「我是誰」。立足於此，我們才能用好這個難得易失的人身，為生命發展做出正向努力。如果看不清真相，不論做什麼，成為什麼，在本質上都是對生命的消耗。

二、認識心性才能了知世界真相

認識能力決定認識

怎麼認識世界？早期的西方哲學重視本體論，想要探尋世界的本體，十六世紀後開始重視認識論。因為哲學家們意識到，我們能認識什麼樣的世界，在很大程度上取決於認識能力，包括感覺、經驗、理性等。可以說，認識的高度、角度、廣度，都會影響人類的所知所見。

怎麼提高認識能力？我們知道，人的感覺其實很遲鈍，有很大的局限性、主觀性，甚至錯亂性，而經驗更是因人而異。相對來說，理性強調的是客觀，是通過合理的邏輯推導得到結果。佛法認為真理和智慧屬於人間，正是因為人有理性，能通過聞思修探尋人生意義和世界真相，由此導向覺醒。「知之一字，眾妙之門」，就是佛教對理性的高度讚歎。

但理性是雙刃劍，很多時候還受到文化、觀念等因素影響，並非我們以為的那麼客觀。比如東西方哲學對世界有種種不同解讀，但都是理性的結果，所以才會「彼亦一是非，此亦一是非」。再如我們對事物的好惡，也會影響自己的判斷，而且能找到很多理由來證明這個判斷。如果我們接受不良文化，或是非理思惟，就會形成錯誤觀念，帶來一系列問題。人類在創造文明的同時，給地球帶來了種種災難，絕不是動物可以做到的。之所以這樣，就是因為人有理性，會想方設法地製造工具、利用資源，這就使得人類的破壞性與日俱增，甚至強大到可以毀滅地球。所以佛教也說「知之一字，眾禍之根」。

西方哲學在重視理性的同時，同樣看到它的局限，開始重視直覺，認為直覺是一種未經知性或理性介入的自發性認知，是直接感知世界的認知方法。我們所說的靈感、第六感，就和直覺有關。事實上，所謂直接感知也是相對的。如果說理性會受到文化、觀念的影響，那麼直覺也會受到經驗、情緒的干擾，只是程度不同而已。因為這種直覺來自妄心，所以人們在接收資訊、做出反應的過程中，勢必會或多或少地受到染汙。想擁有純淨的直覺，必須通過修行去妄存真，才能徹底排除干擾。

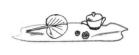

在認識世界的問題上，佛教首先肯定了感官的作用。就像電腦硬體決定了它能運行什麼軟體，同樣，感官決定了我們能感知什麼樣的世界。六根就是我們認識世界的六個視窗，有眼睛，才能看到顏色的世界；有耳朵，才能聽到音聲的世界。其中，眼耳鼻舌身前五根的認識為現量，屬於直覺。當感官出現問題，認識會隨之受限。

此外，佛教也很看重理性，即意識的作用。八正道的正思惟，就是讓我們在正見指導下正確思考。而「親近善知識、聽聞正法、如理作意、法隨法行」四法行中，「如理作意」正是強調理性的重要性。親近善知識的目的是為了聽聞正法，然後要通過思惟，用這種智慧重新思考人生，才能理解、接受、運用，進而法隨法行。忽略理性思考，導致不少學佛者或是盲修瞎練，或是停留在禮佛敬香等表面形式，或是不能把所學法義落實到心行，這樣人生觀和世界觀是不會發生改變的。

因為我們對人生、社會、藝術等種種理性思考，才形成了人類文化。反過來，這些文化又影響著我們的思考。所以佛教強調理性，更強調智慧的文化，健康的理性。這就像給生命安裝軟體，決定了我們的認識能力，也決定我們會看到什麼樣的世界。

由止觀成就正遍知

但僅僅理性是不夠的，因為凡夫都是活在妄心系統中，活在意識、潛意識的作用中，活在欲望、情緒、觀念中。活在欲望時，就卡在欲望裡；活在情緒時，就卡在情緒裡。因為被卡，視野自然受限，如坐井觀天，所見所思所想都被禁錮在井內。所謂的區別，不過在於井的大小，再大也是有限的。

如何突破困境，成就佛陀那樣的「正遍知」？關鍵是開發心的潛能，這就離不開禪修。如果說理性可以擴大我們的認知範圍，那麼禪修就是通過止觀訓練，得定發慧，使心不再被任何念頭或執著卡住，徹底擺脫束縛。就像跳出井口之後，才能放眼

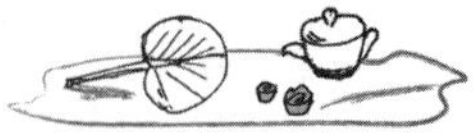

十方，看見天地萬物。

生命有兩個層面，除了來自經驗、知識的有限層面，還有內心本具的無限層面。在這個層面，心和宇宙是相通的。印度各宗教普遍重視四禪八定，就是看到心的潛能，希望由禪定成就神通，了知一切。

佛教也有五眼六通。五眼，為肉眼、天眼、慧眼、法眼、佛眼；六通，為天眼通、天耳通、他心通、宿命通、神足通、漏盡通，這些都遠遠超出普通的感官認知。天眼通，能看到遙遠的世界；天耳通，能聽到遙遠的音聲；宿命通，能了知往昔發生的一切。當年佛陀在菩提樹下，由甚深禪定開發智慧，證悟諸法實相，同時還成就五眼六通，對於大千世界的一切，乃至微塵，「悉得了知，如觀掌中庵摩羅果」。

當然神通不是佛法修行的重點，禪修的真正作用是由定發慧，開發本自具足的無限智慧。正是有了這樣的「正遍知」，佛陀在兩千多年前就對世界做出了令人驚歎的描述。

宏觀和微觀都來自內觀

佛陀對宇宙萬物的認識，經中有很多記載。如果不是陸續被科學發現所證實，這些內容對今天的人依然像個神話。從宏觀世界來說，哈伯太空望遠鏡出現後，科學家們才發現宇宙中確實有恆河沙那麼多的星球。而在《般若經》《阿彌陀經》等大乘經典中，對十方恆河沙數世界的描述比比皆是。所謂恆河沙，是說明世界之多。因為這種沙又白又細，多得不可勝數。佛陀常在恆河兩岸說法，故以此為喻。如果說莊子的「北冥有魚，其名為鯤，鯤之大，不知其幾千里也」體現了浪漫主義的想像，那麼佛經對世界的描述可以說是超乎想像的。這種無限的視野，只有覺者才能具備。

近年有報導說，科學家發現了直徑約兩百萬光年的星系，距地球十億光年之遙。要知道，陽光照到地球不過八分鐘，那麼兩百萬光年和十億光年是什麼概念？面對如此浩瀚的宇宙，如果不知道生命有無限的層面，僅僅看到眼前有限、短暫的層面，是不是有種要發狂的感覺？因為身處其中的人實在太渺小，太微不足道了。如果把生命

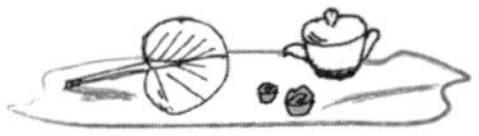

完全投注在這個層面，活得和螻蟻有何區別？

對於微觀世界，佛陀同樣有不同尋常的認識。如「佛觀一缽水，八萬四千蟲」，是讓比丘在飲水時心懷慈悲，誦咒加持，否則就「如食眾生肉」。以前我們可能覺得這種說法未免誇張，將信將疑。現在只要用顯微鏡看一下，就知道水中確實有無數生命。這也從側面反映了佛陀異乎尋常的認知力。

而佛法「色即是空，空即是色」的思想，也被最新的科學發現所證實。經典物理學認為，原子是恆常、客觀的存在，有自身的存在規律。但量子力學發現，物質究竟以粒子還是波的方式構成，其實是不確定的，是人的觀察決定它以什麼方式存在。換言之，物質並沒有固定不變的本質，而我們在觀察世界時也不是單純的客體，心的參與會影響到物質的呈現。這就印證了佛法所說的「應觀法界性，一切唯心造」。

科學家的認知是借助儀器得來的，通過望遠鏡看到宏觀世界，通過顯微鏡看到微觀世界，而佛陀的所知所見是來自心，來自大圓鏡智。這種智慧也是每個眾生本來具備的，關鍵是開發這種潛能。否則，以我們有限的認知去認識世界，是無法窮盡的。

莊子說：「吾生也有涯，而知也無涯，以有涯隨無涯，殆矣。」對於認識來說，則是「吾知也有涯，而世界無涯」，同樣不能以有涯隨無涯。所以要把向外的目光收回，轉而向內觀照。當我們張開眼睛時，可以看到天地山河，看到目光所及的一切；而當我們有能力打開心眼時，就能像佛陀那樣，對宇宙萬有了了分明，「於一毛孔中悉分別知一切世界，於一切世界中悉分別知一毛孔性」。因為心和宇宙在本質上是相通的，只有認識心性，才能如實了知世界。

三、認識心性才能解脫生死輪迴

從輪迴看生命

佛教傳入中國以來，不僅全面影響了哲學、文學、藝術和民俗等方面，還對傳統文化具有重要的彌補作用。主要體現在兩方面，一是心性論，使我們對自己和世界的認識有了深度，這在前面已經做了說明。二是輪迴觀，引導我們從過去、現在、未來

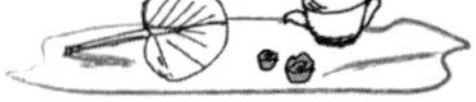

三世看待生命，使生命有了長度。

所謂輪迴，即由生到死、再由死到生的迴圈。其中，死亡尤其重要。因為怎麼死，關係到未來投生何處；而怎麼看待死亡，則關係到我們能否過好今生，能否有效利用現有的寶貴人身。西方哲學也很重視死亡，早在古希臘時期，蘇格拉底就指出：哲學是在練習死亡。但對如此重要的人生課題，儒家卻語焉不詳。儒家以關注現世為重點，「未知生，焉知死」「未能事人，焉能事鬼」等觀念，與其說是對死亡的態度，不如說是刻意的迴避。至於慎終追遠、祭祀祖先的目的，也是為了民德歸厚，而不是認識死亡。

但對這個人人必須面對的結局，我們可以不關心嗎？如果對死亡一無所知，當它到來時，我們該怎麼辦？也許有人覺得，自己離死還早得很，到時再想還來得及。事實上，除了那些被醫生明確宣判的病人，很多人從未想過自己會死，更沒有為死亡做任何準備。一旦死期到來，往往在絕望、恐懼中痛苦掙扎，而且是和親人的集體掙扎。大家都不願接納，又不知所措，不知該如何度過人生的最後時刻。即使那些表面平靜的人，想過自己去哪裡嗎？想過這是生命轉換的關鍵嗎？想過此刻做些什麼才有用嗎？從這個角度說，其實多數人都死得「不明不白」。

關注生死輪迴，正是印度文化的特點。印度宗教眾多，雖然不同教派的理論和修法各異，但普遍重視禪修，並因自身的修行體證而深信輪迴。可以說，輪迴觀是印度各宗教的共識。他們看到今生只是無盡輪迴中的片段，就像大海的一朵浪花。從大海而言，浪花的生滅並不重要，重要的是能否脫離生死苦海。立足於這樣的認識，我們就能超然看待生死，知道死亡只是生命形式的轉換而不是結束，關鍵是把握當下，為生命發展做出正向努力。

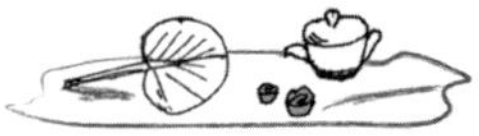

因果貫穿三世

對於沒有禪修經驗和相關宗教背景的人來說，可以從因果來理解輪迴。我們知道世間一切都遵循因果法則，有因必然有果。如果像一世論所說的「人死如燈滅」，沒有未來也沒有過去，那我們今生的善惡記錄就一筆勾銷了嗎？人的天賦來自哪裡？人與人之間的緣分是什麼？太多問題無法解釋了。

有些宗教屬於二世論，認為人是神造的，沒有過去，只有現在和未來。今生只要信神、做好事，死後就能永遠在天堂享樂，反之則永遠在地獄受苦。既然是神安排的，為什麼每個人在世間的起點不同，命運迥異？至於對神的信仰，有人因為家庭關係，生來就是神的子民；也有人因為生於異教徒之家，或處於充滿暴力、罪惡的環境，根本沒因緣信神，也沒機會做好事。如果因此墮落地獄，其實是不公平的，從因果角度來說也是不完整的，這個果並不是自己所造的因決定的。

佛教的三世論告訴我們，應該從物質和精神兩方面認識生命。物質部分包括父母給予遺傳基因、再經飲食滋養而成的色身。但在這個層面，是無法完整認識生命的。比如父母會生下性格、能力、天賦完全不同的孩子，就是因為生命除了物質系統，還有自己生生世世造就的精神系統，包括意識和潛意識。我們的一切行為不是發生後就結束的，還會在內心形成相應的業力，在生死關頭推動識去投生。什麼業先成熟，就會去向哪裡。所以說，我們是生而為人，還是前往其他五道，成為動物乃至墮落地獄，都是自身業力決定的。由往昔的因，帶來今生的果；再由今生的因，決定未來的果。明白這一點，就知道現在的所思所想、一言一行都不可忽視。

壽、暖、識

佛教認為，生命由壽、暖、識共同支撐。壽是壽命，我們今生能活多少年，在某種程度是往昔業力決定的。當壽限到來，就像箭射出後力盡而衰，自然會掉落在地，此為壽盡死。當然佛法不是宿命論，雖然認為生命延續有既定因素，但並非固定不變。比如一個人本來只有六十歲的壽限，但心懷慈悲、護生放生，加上保養得當，就能延年益壽。反之，如果飲食過量、享樂無度，把福報揮霍一空，也會提前向死神報到，此為福盡死。我們生活的地球也是同樣，這是眾生的共業所感，如果繼續像現在這樣不加節制地折騰，也許很快就不適合人類居住了。

暖是溫度。活著和死去最大的差別是什麼？當識還在執持時，身體是溫暖、有熱度的。一口氣不來，身體馬上就會變冷、僵硬。

識是阿賴耶識，為潛意識。我們身口意的一切行為，都是意識的產物。但意識並不是時時都在活動，在深度睡眠或暈厥不省人事等情況下，意識是不起作用的，可我們依然活著，就是因為有阿賴耶識在執持身體。一旦色身死亡，這個識又會隨業流轉，繼續投胎。

識和靈魂的區別在於，靈魂是固定不變的，而阿賴耶識是剎那生滅的。事實上，世間一切都在生滅變化中。我們看到的山河大地、花草樹木，包括現前的色身、內在的心念，哪一刻不在變化？只是我們的感覺太遲鈍，覺察不到而已。同時，這種生滅是不常不斷、相似相續的。不常不斷，指一切事物既非恆常，也不是斷滅的，死亡只是生命形式的轉換而非徹底消失。相似相續，指生命在變化中延續，而非固定不動，但這種變化又是相似的，所以會給我們造成恆常的錯覺。就像河流，看起來始終是那條河，事實上，其中的水時刻都在流動、變化。所以說，一切延續都蘊含著無常。

很多人不喜歡「無常」，覺得是負面的。其實無常並不是壞消息，而是告訴我們，一切都可以改變，可以變壞也可以變好，關鍵在於付出什麼努力。如果不能改變，壞的永遠都壞，好的永遠都好，才是不公平的。正因為可以改變，我們才有了努力的方向。每個人都想有好的改變，想成為更好的自己，這就必須瞭解因果，創造善緣，使生命完成良性轉變。

轉依

唯識宗有個重要概念叫「轉依」，是哲學所沒有的。轉是轉變，依是作為生命依託的阿賴耶識，其中有染有淨。所謂雜染，即生命延續中積累的心靈垃圾。每一次貪、瞋，每一次負面情緒，都在往內心扔垃圾。我們想一想，自己是不是每天在扔？

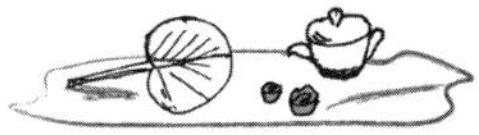

無始以來的垃圾到底有多少？如果不加清理，這些垃圾非但不會自動降解，還會變得更多，所謂「業作已不失，業增長廣大」。但我們也不要害怕，只要看到垃圾的危害，找對方法，就能掃除垃圾，成就清淨品質。這是轉染成淨，又叫染淨依。

此外還有迷悟依。凡夫和佛菩薩的根本區別，在於迷惑和覺悟。《瑜伽師地論》說：「阿陀那識甚深細，一切種子如瀑流。」阿陀那識是阿賴耶識的別名，種子則是身口意行為留下的心理力量。這些種子被忠實地保留在阿賴耶識中，並在因緣和合時產生活動。凡夫因為迷惑而不見真相，總是活在被選擇中，做什麼、想什麼，都被慣性左右。這也是一種輪迴，是情緒的輪迴，習慣的輪迴，最終導向生死的輪迴。在這樣的輪迴中，我們就像身處瀑流，無法自主，只能在不知不覺中「被選擇」。

佛法告訴我們，世間一切都是遵循因緣因果的規律，生命發展也不例外，希望有什麼未來，現在就要付出什麼努力。我們希望自己是健康、智慧、清淨的存在，希望超越生死，改變被動輪迴的現狀，就要認識心性，知道什麼是負面心理，將使生命墮落；什麼是良性心理，將令生命提升。這樣才能做出正確選擇。當我們不再往內心扔垃圾，不再被迷惑所轉，就能去除雜染，擺脫束縛。心自在了，才能生死自在，超越輪迴。

四、認識心性才能找到生命意義

人生有意義嗎

人生在世，需要關注生命的意義嗎？有人一輩子沒想過這個問題，只要家庭美滿、事業有成、諸事順遂，加上心態相對平和，也能歡天喜地地活著；也有人想過，但想不清楚，反而徒增煩惱。那麼，人生意義到底是不是問題？事實上，這個問題是人區別於動物的根本所在，直接關係到我們的生存、生活到生命品質上的提升。動物也有生存智慧，也會改善生活品質，但只有人類才會探索生命意義，並視這種探索高於一切。佛陀在因地修行時為半偈捨身的抉擇，儒家「朝聞道，夕死可矣」的認知，都說明了找到意義的重要性。

那麼，人生意義究竟是什麼？當然這不是一般層面上的意義。在現實生活中，財富、事業、感情，乃至一餐飯、一杯水，任何東西都有意義，但這些意義是暫時的，只能解決某種需要。我們現在探討的是終極意義——如何實現生命的最高價值？又該為此做些什麼？

關於這個問題，儒家提出了三不朽的人生，即「太上立德，其次立功，其次立言」。首先是完善道德，其次是以建功立業、著書立說影響社會。千百年來，這一思想對國人產生了很大影響。從「修身、齊家、治國、平天下」的人生定位，到「為天地立心，為生民請命，為往聖繼絕學，為萬世開太平」的崇高情懷，都是基於這樣的價值觀而產生。總體來說，儒家對人生意義持肯定的態度。

此外，也有哲人否定了人生的意義，西方悲觀主義哲學家叔本華就是其中代表。他在審視人生的過程中，看到「生命是一團欲望，欲望不滿足便空虛，滿足了便無聊，人生就在空虛和無聊之間搖擺」，認為「人生如同上好弦的鐘，盲目地走，一切只聽命於生存意志的擺佈，追求人生目的和價值是毫無意義的」，所以生命荒謬且充滿痛苦，只是在日復一日的重複中被消耗。叔本華的這些思想並非個別，而是代表了一部分人對人生深度思考後的困惑。他們不滿足於世間的短暫滿足，試圖找到背後的終極意義，卻遍尋不得，落入巨大的虛無。有人認為叔本華的思想受到佛教影響，以為佛教也是悲觀且否定人生意義的。其實，這是對佛教的極大偏見。

雖然佛法說「人生是苦」，但並不是悲觀，而是讓我們看清人生真相。凡夫因為無明，對自我和世界產生錯誤的設定和追求，形成我法二執。一旦有了執著，得不到固然痛苦，得到了害怕失去還是痛苦，帶來種種焦慮、恐懼和不安全感。這些情緒又會進一步製造追求和執著，產生更多的焦慮、恐懼和不安全感。

當然，人生並不是純苦無樂的。當欲望被滿足或痛苦被緩解，當下會有暫時的愉悅。就像餓了吃東西覺得快樂，累了坐下休息覺得快樂，身體髒了洗澡覺得快樂，但這些都不是本質上的幸福，一旦過量就會轉樂為苦。吃撐了再吃，久坐而不能起身，或是一直泡在水中，非但不會快樂，而且苦不堪言。可見依無明而有的五蘊身心是製造痛苦的永動機，會源源不斷地製造煩惱、生死，以及輪迴。

但認識苦不是目的，而是讓我們看清真相，不再被迷惑，不再製造煩惱，才能從根本上解脫痛苦。這正是佛法為我們指出的人生意義，有破有立，而不是片面地肯定或否定。

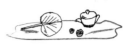

究竟解脫什麼

佛法講無常、無我，講解脫，都是在否定。無常是對常的否定，無我是對我的否定，解脫是對輪迴的否定。當我們聽到否定時，覺得佛教似乎有些消極。因為世人都喜歡肯定，名好，利好，享樂好，多多益善。但佛教對輪迴盛事用的是否定，告訴我們這些是無常的，要從中解脫。

到底解脫什麼？很多時候，我們以為解脫就是離開這個世界，或是放下擁有的一切。其實，真正要解脫的是無明惑業，這才是輪迴的根源所在。一旦沒有無明惑業，不論身處哪裡都是自在的，不論擁有什麼都是無礙的。佛教講的此岸和彼岸，也不是非此即彼的兩個時空。當我們陷入迷惑、煩惱時，就是輪迴的此岸。這個此岸是在內心，但彼岸同樣也在內心；煩惱在內心，菩提也在內心；輪迴在內心，解脫也在內心。

說到解脫，人們往往感覺是某種遙不可及的境界。其實，生活中每個人都在追求解脫。無聊時玩手機，是想解脫無聊；苦悶時喝酒，是想解脫痛苦。但這種方式是不究竟的，反而會製造更多問題。我常說，人類的種種追求就像為填坑而挖坑：為了填一個坑，又挖三個坑；為了填三個坑，又挖五個坑；為了填五個坑，又挖二十個坑。不改變這種解決方式的話，我們永遠都在坑裡，而且是一個連一個的坑，根本就出不來。所以解脫的關鍵在於，知道自己要解脫什麼，又該如何解脫，這樣才能找到出路。

生命的出路

在人類生活早期，人們需要用很多精力維持生存，對生命問題的思考往往集中於少數文人階層。但在物質文明高度發達的今天，很多人已經沒有衣食之憂，甚至對娛樂和享受心生厭倦，感覺對什麼都興味索然。可以說，「沒意思」已經成為一種時代病，而且不斷蔓延。在當代藝術中，就有大量作品反映了生命的無聊、荒誕、無處安放。

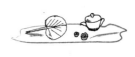

出路在哪裡？佛法告訴我們，除了無明，生命還有覺醒的層面。我在北師大講《心理學視角的佛學世界》時曾寫過一條微博：「生命的本質是自由而快樂的，只因迷惑，人生才有種種煩惱和痛苦，所以佛教說人生是苦。一旦止息迷惑煩惱，生命就會恢復本有的清淨、自由和快樂。」只有看到這一點，我們才能完整地認識生命，認識心的作用。無明使心成為痛苦的源頭，但我們的心中還有覺性，可以源源不斷地散發喜悅。這種喜悅是心本來具足的，不需要依賴外在條件。

從這個意義上說，生命本身就是巨大的寶藏。佛陀對眾生最大的貢獻也在於，發現每個生命都有覺醒的力量，有自我拯救的能力，我們要做的就是認識、開發它。《涅槃經》中，以貧女寶藏比喻眾生的覺性。貧女家有真金，卻不知藏在何處，更無法使用。後來在高人指點下掘出真金，成為巨富。佛陀以此告訴我們：眾生的覺性也是如此，雖然本自具足，但因不能得見，是不起作用的，所以要通過修行來發掘寶藏。

眾生因為看不到生命的富足，內心匱乏，才會對外在事物形成依賴，不斷索取。但向外追求所得的一切，只是外在的，並不能解決內心匱乏，反而會在追求過程中迷失自己。越是追求，越看不到內心的真正需求，越得不到滿足。現在不少人在財務自由後，因為失去奮鬥目標而陷入精神危機，似乎什麼都有了，卻還是不能安身立命。之所以這樣，就是因為沒有向內觀照，沒有認識心性，找到生命的意義所在。

五、認識心性才能成聖成賢

東方心理學

在今天，心理疾病已成為日益嚴重的社會問題。在網上搜索一下，相關資料可謂觸目驚心。為什麼那麼多人得心病？心藥在哪裡？應該如何治療？在這樣的背景下，

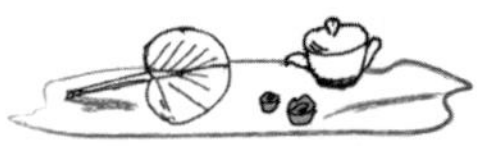

西方心理學和心理治療開始受到廣泛關注。但除了那些必須由專業人士治療的患者外，更多人需要的是未病先防。這就要從認識心性入手，對自己的心做出診斷，激發心的自癒力，所謂心病還須心藥醫。

關於這些問題，佛法有著豐富的理論和實踐經驗，所以自古就被稱為「心學」，已有兩千多年歷史。相比後起之秀的心理學，兩者各有側重，也各有所長。百年前，國學大家梁啟超曾撰寫《佛教心理學淺測》，將佛法思想與西方哲學作了比較研究。近幾十年來，西方心理學界廣泛吸收佛教的教義和禪修方法，豐富心理學的學科建設和臨床治療，並為相關從業者提供心理建設。受此影響，國內心理學界也對佛教產生了濃厚興趣，所以我應邀參加了不少交流。

初次參加心理學界的活動，是二〇〇七年的「海峽兩岸心理輔導論壇」。當時我還不太清楚心理輔導究竟做些什麼，瞭解後才發現，其實出家人一直在承擔心理輔導的角色。俗話說「無事不登三寶殿」，很多人都是帶著問題來寺院的，除了祈求佛菩薩加持自己平安順遂外，還期盼師父們指點迷津，讓自己心開意解。西方心理學出現前，也是由神職人員為人們解決心理問題。

同樣是宗教信仰，但在心性問題上，佛教的相關理論更為豐富，調心手段也更為多樣，這是為什麼呢？我在北京大學參加「中國心理治療界和佛學界對話」時，大家就談到了這個問題。我認為，主要是因為信仰的不同性質。基督教屬於他力信仰，因信稱義。教徒只要虔誠信神，並按《聖經》所說去做即可，不是靠自己上升天堂，解決生命歸宿，所以不需要對人性有太多認識。

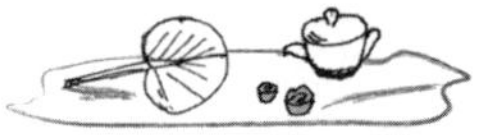

而佛教宣導的是自救之道，這就涉及一系列問題。比如人有沒有自救能力？如何完成自我拯救？而且眾生的根機、文化背景不同，需要因材施教，應病與藥，所以佛法在傳播過程中形成了眾多宗派。其中有些是佛陀在不同時期，針對不同根機者所說的法，源頭就有所側重；有些是祖師大德根據佛陀所說，結合自身修證，並針對此時此地的大眾而施設。雖然方法有別，但都是圍繞心性，從各個角度加以解讀，並通過種種手段調心、修心，最終明心見性。可見，佛教之所以形成豐富的心性理論，是取決於信仰本身的特點。

修身養性

現代人注重養生，其實，養心遠比養生重要。如果身體健康而內心扭曲，痛苦是無法避免的，更何況誰也不能保證身體不出狀況。反之，只要心態調柔平和，不僅有益身體健康，還有能力面對一切問題，包括身體的問題。如何養心？離不開學佛。我們通過聞法瞭解心性後，才知道哪些是負面、正向心理，這些心理來自哪裡，又該如何去除負面心理，長養正向心理。

佛法認為，眾生內心都有貪瞋癡三種病毒，這是我們成為凡夫的根源，也是一切心理問題的根源。從心理學的角度說，這些是屬於正常心理，只有當貪瞋癡過度嚴重，導致焦慮、恐懼或抑鬱等異常狀況時，才是需要治療的疾病。但佛法不僅要解決由貪瞋癡發展而來的心理疾病，還要解決疾病的根源，徹底斷除貪瞋癡。可以說，這是最究竟的修身養性。

佛教傳入中國不久，就和本土的儒家和道教一起，成為傳統文化的主流。很多人既是入世的儒者，也對佛法的甚深微妙心嚮往之。尤其是《心經》《金剛經》《維摩經》《六祖壇經》等般若經典，談空說妙，蘊含人生的大智慧，深受人們喜愛。眾多傳世的抄經書法，不僅傳遞了人們對信仰的虔誠，也體現了學佛和生活的結合，以此修身、養性、靜心。

而佛法揭示的無常真相，則教會我們正確看待得失，不論遇到什麼境界都能安然面對，以平和的心態接納任何結果。因為得失都是暫時的，只要在因上努力，就不必

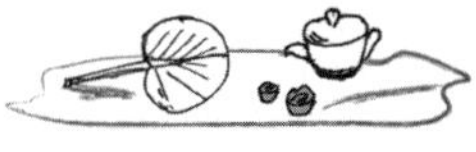

因為得而忘形，更不必因為失而落寞。否則，失意時固然辛苦，得意時要保持狀態，避免盛極而衰，其實同樣辛苦。可以說，佛法的出世超然，恰好平衡了人們因過於入世帶來的弊端，使人進退自如。

總之，佛法智慧可以從不同層面幫助人們修身養性。

成聖成賢

瞭解心性可以治療心理疾病，也是最好的心靈保健，但對佛法修行來說，這些只是過程和助緣，最終是為了成就佛菩薩那樣的生命品質，而不僅僅是做個好人，做個有修養的人。

現在很流行成功學。什麼才是成功的人生？古人嚮往的是聖賢，推崇的是智慧和道德，而當今社會的評價系統，往往是從外在名利來衡量成功。媒體上的財富榜單、熱搜資料、曝光頻率，共同塑造了這個時代的成功典範。因為這些就意味著大眾的關注，意味著流量和變現。但這是什麼意義上的成功呢？這種價值導向帶來了什麼呢？

我常說，你是什麼，比擁有什麼要重要。因為能夠擁有的都是身外之物，和自己只有暫時的關係。而你是什麼，取決於你的心態、人格和生命品質，這些才對我們有長久的影響。前面說過，心是苦樂的源泉。哪怕我們擁有再多，只要沒有良好的心態，非但沒有幸福可言，還會無休止地製造問題。而且擁有越多，製造問題的能力往往也越強。所以說，培養良好心態、塑造健康人格、最終成聖成賢，才是人生的頭等大事。

可能有人覺得，成聖成賢和自己有什麼關係呢？既然是聖賢，就不是凡夫，我們怎麼做得到呢？這就涉及兩個問題：首先，我們有沒有成為聖賢的潛質？關於這個問題，儒家說「人人皆可為堯舜」，佛教說人人都有佛性，都能成佛，給了我們肯定的答案。

其次，如何才能成為聖賢？這就必須對心性有透徹的瞭解，同時要有完整的修行次第。在常規的戒定慧三學中，戒是讓我們止息惡行，遠離不良外境，奉行簡單的生活方式，為修行營造良好的心靈氛圍；定是讓我們通過對心的訓練，掌握調心之道，

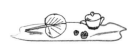

使煩惱不起現行；慧，則是通過定力導向觀慧，由親見真相而斷除煩惱。

此外，佛教各宗都是從不同角度引導我們認識心性，並依本宗正見施設禪修方法，其中有教下的漸修，也有宗門的頓悟。比如唯識宗是從妄心入手，通過對八識的解讀，為學人講述了轉迷為悟、轉染成淨、轉凡成聖的系統修法。禪宗則是從真心入手，告訴我們人人都有覺性，只要證悟覺醒的心，就能見性成佛，並闡明了「直指人心」「一超直入如來地」的捷徑。成聖成賢不是一句空話，只要建立信心，並針對自身根機找到方法，持之以恆，人人都是有希望的。

六、結束語

以上，從佛法角度對心性做了解讀。佛法就是心法，一切都是立足於心來認識的。隨著科技的發展，人工智慧的研發突飛猛進，在某些方面已強大到超乎想像。僅僅從能力來說，人類的很多工作正被人工智慧所取代，而且越來越多。很多人在關心，未來哪些專業、職業甚至行業會被淘汰？感覺危機重重。其實我們真正要關注的是，生而為人，無法被取代、被超越的是什麼？找到這個寶藏，不論時代如何變遷，我們都能安身立命，自給自足。心，正是那個具足一切的所在。抓住這個根本，我們才不會被外在的世界所轉，真正看清「我是誰」，並由認識心性，而能了知世界真相，解脫生死輪迴，找到生命意義，最終成就佛菩薩那樣悲智圓滿的品質。

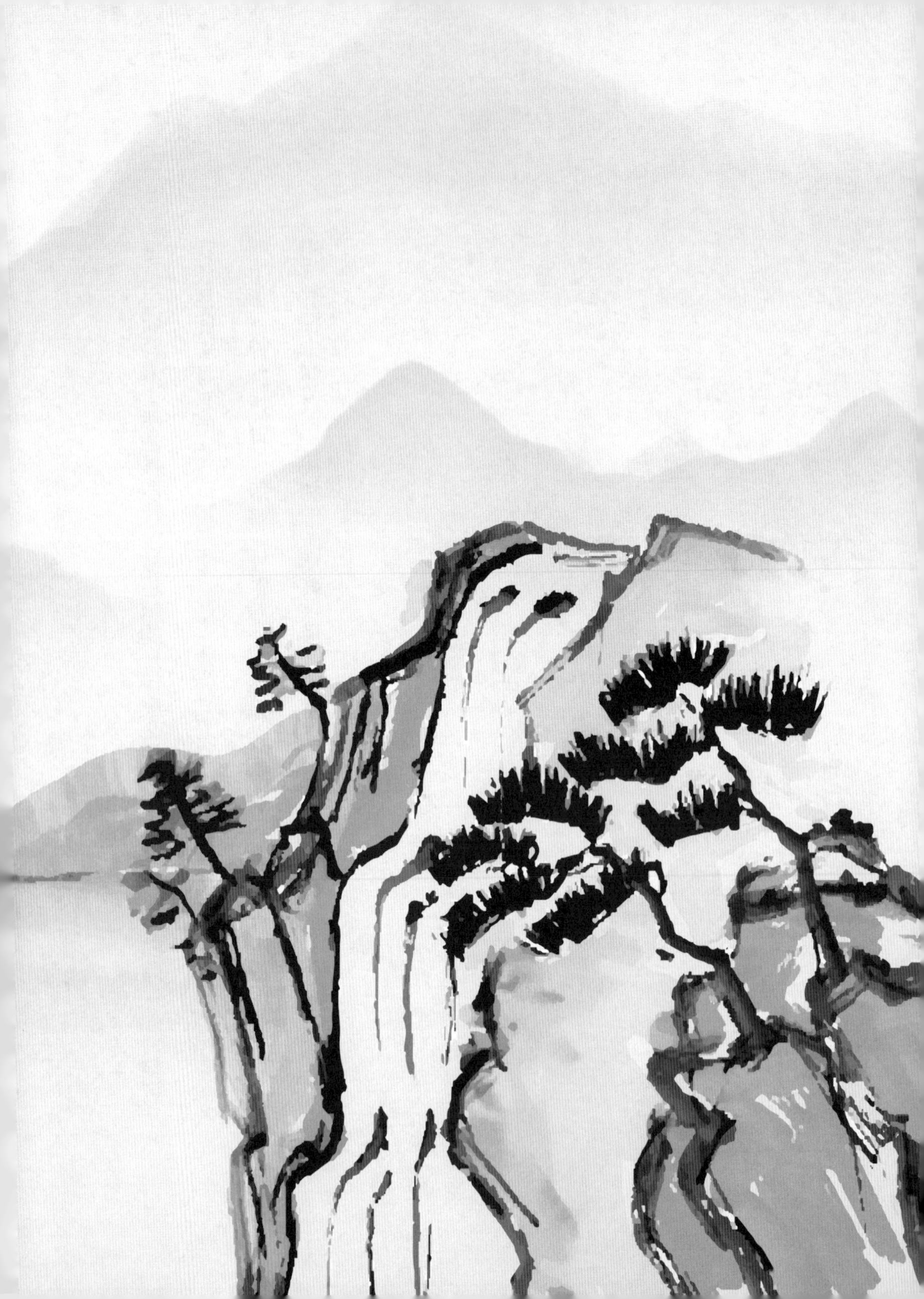

7

解脫心理學

為什麼要談「解脫心理學」這個題目？有幾方面的原因。

首先，解脫是佛法修行的核心，不僅聲聞乘以解脫為究竟，菩薩乘同樣要追求解脫。不同只是在於，菩薩還要進一步引導眾生走向解脫。從這個意義上說，菩薩道修行就是對解脫的延伸和圓滿。那麼，怎樣才能解脫？說到解脫，我們很容易聯想到另一個概念——開悟，或頓悟。既然是頓，似乎是剎那發生的，所謂「一超直入如來地」。事實上，頓悟也是相對的，並不能獨立存在，而是某個特定時刻出現的爆發點。在此之前，必須有漸修的鋪墊；在此之後，還要繼續悟後起修。所以，修行是一條路而不是一個點。在南傳的阿毗達摩和漢傳的《大乘百法明門論》（以下簡稱《百法》）中，都為我們指出了邁向解脫的心理過程。瞭解這些心理，遵循解脫之路，解脫就會成為必然的結果。

其次，現代人對修行的認識偏於事相，往往只關注自己拜多少佛、誦多少經、打多少坐，或是做多少和佛教相關的善行。當然這些都很重要，但我們要知道，修行的關鍵在於用心。如果用心錯了，就像偏離方向，再怎麼做都是南轅北轍。事實上，不少人雖然修了很多功課，做了很多義工，卻是帶著貪瞋癡在做，所做反而成為我執和名聞利養的增上緣。正如《楞嚴經》所說：「如蒸沙石，欲其成飯，經百千劫，只名熱沙。」因為沙子不是飯的因，所以無論忙多久都煮不成飯。

心靈世界由各種成員組成，當凡夫心出現時，我們能不能馬上認出它？如果沒有學過《百法》，很可能會混淆，就像佛經說的「心中不明，認賊為子」，把賊當作自己的兒子，以他為至親，處處順從，結果財產被偷光，家業被敗盡。修行也是如此，因為不識凡夫心，聽從凡夫心，所以給生命帶來無盡麻煩。探索心靈世界，尤其是關於解脫的心理因素，就是幫助我們學會如何用心。

第三，印度文化關注的重點是輪迴和解脫，各種宗教都會對此做出解讀。佛陀最初說法，也是圍繞四諦法門，揭示了輪迴和解脫兩重因果。這和印度其他宗教的關注點相同，區別在於，佛陀對輪迴和解脫的因果有不同詮釋，告訴我們：究竟什麼是輪迴，怎樣才能解脫？

我們知道，學佛要發出離心，要走出輪迴，走向解脫。如果僅僅從字面理解，好

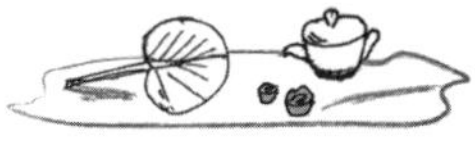

像輪迴是某個地方，解脫則是從這裡到達那裡。所以說到出離心，有人會將此等同於出家，擔心馬上要放下感情、家庭和事業，甚至因此而不敢學佛。其實佛法所說的出離，重點是出離內在的迷惑和煩惱；解脫，則是由開啟智慧，解除迷惑和煩惱的束縛。

佛法自古就被稱為心性之學，簡稱心學，用現在的話說就是「心理學」。我們知道心理學有不同流派，如果要給佛法加個定義，就應該是「解脫心理學」。那麼，它和世間心理學最大的不同在哪裡？

從世間心理學來說，正常的貪瞋癡並不是問題。因為心理學是立足於凡夫人格，其中最重要的組成部分就是貪瞋癡，所以它的關注點不在於此。只有當人們過分地貪或瞋，引發焦慮、憂鬱、躁狂等異於常人的症狀，且自己無力扭轉時，才是心理學致力解決的。

但從佛法的角度看，貪瞋癡本身就是問題，是一切心靈病毒的源頭，又稱三毒。我們之所以是凡夫，是輪迴的重病患者，正是被這三種病毒所染汙。所以佛教不僅要解決異常的心理疾病，還要從根本上斷除貪瞋癡，否則就會源源不斷地製造煩惱，製造生死和輪迴。

那麼，解脫心理學到底有哪些內容？

一、意識、潛意識

唯識宗將人的心理分為八識五十一心所。其中，八識為心王，可分四組，分別是前五識、第六意識、第七末那識和第八阿賴耶識。

前五識

前五識是對世界最直接的認識，包括眼識、耳識、鼻識、舌識、身識。這些認識來自眼根、耳根、鼻根、舌根、身根，是我們觀察世界的五個管道。每種識的產生要有相應條件，五根認識的物件，是色、聲、香、味、觸五塵。當根塵相觸，就會產生識，即眼睛對形色的認識、耳朵對音聲的認識、鼻子對香臭的認識、舌頭對味道的認

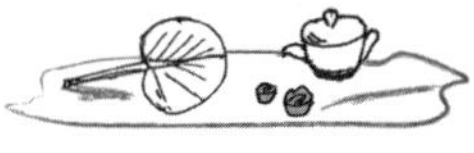

識、身體對外在的觸覺。

我們能感知什麼樣的世界，就取決於這五個管道。如果眼根壞了，不能在接觸色塵時產生眼識，就會失去形色的世界；耳根壞了，不能在接觸聲塵時產生耳識，就會失去音聲的世界。鼻根、舌根和身根同樣如此。

五識對世界的認識是直覺性的，屬於現量，不帶有任何思考和判斷，否則就進入第六意識了。

第六意識

在心靈世界中最活躍的是第六意識，就是我們通常所說的理性。人之所以為萬物之靈，正是因為理性特別發達。有了理性，我們才能通過學習，對世界加以思考、判斷和抉擇。當然，這些思考乃至抉擇未必正確，主要和我們接受的文化及處世經驗有關。

人類能開啟智慧、證悟真理，是來自理性的作用，所謂「知之一字，眾妙之門」。反之，如果不能正確使用理性，也會給人生製造無盡的麻煩、痛苦和災難，所謂「知之一字，眾禍之根」。所以理性是雙面刃，關鍵在能否善用。

我們由理性對世界思考、判斷和抉擇後，會進一步付諸行動，形成思想、語言和身體的行為，佛教稱之為「業」，是推動生命流轉的動力。由過去的行為決定現在的生命形態，決定我們成為什麼樣的人；再由現在的行為，決定未來成為什麼。

正因為如此，只要改變業力，就能改寫命運。怎麼改變？造業的管道雖有身口意三個，但根源在於意識。可以說，意識決定了行為，行為決定了性格、人格乃至命運。我們現在生而為人，來生能不能繼續做人？會進入哪一道？都取決於業力和意識。修行也相同，我們想解脫輪迴，把握命運，也要發揮意識的作用，重新選擇自己的行為。

可見，第六意識既會把我們導向輪迴，也能令我們成就解脫，關鍵是怎麼運用它。眾生為無明所惑，看不清自己、看不清世界。只有學習智慧文化，通過理性的思考和審視，才能超越自身局限。佛教的四法行是「親近善知識，聽聞正法，如理作

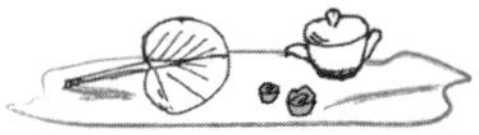

意，法隨法行」，這都離不開理性的作用。所以說，第六意識對修行至關重要。

第七末那識

第七末那識屬於潛意識。每個人都以自我為中心，處處在乎自己，為什麼會這樣？就是由我癡、我愛、我見、我慢四種煩惱和末那識相應，形成堅固、與生俱來的自我意識。

其中，我癡就是無明，是輪迴開展的根本力量之一。幸運的是，我們還有覺性，是解脫的希望所在。佛陀在菩提樹下證悟時發現，一切眾生都有覺醒潛質，都能完成自我拯救。只是因為末那識無始以來就和無明相應，把作為生命載體的阿賴耶識誤以為我，執著不捨，不僅導致種種煩惱，也使覺性被遮蔽，雖有若無。

第八阿賴耶識

在生命延續過程中，前六識的活動是有中斷的。比如人暈厥或深睡時，意識就不活動了，但此時並不是死人，就是有阿賴耶識在執持。作為生命載體，阿賴耶識貫穿著我們的過去、現在和未來。一生又一生，生命現象千變萬化，但阿賴耶識從不缺席。

那麼，阿賴耶識和一般宗教所說的靈魂有什麼不同？區別在於，靈魂是恆常不變的，而阿賴耶識是緣起的，其特點為相似相續，不常不斷。就像河流，雖然看起來始終是那條河，但其中的水在晝夜不停地流動變化。

作為潛意識，阿賴耶識中儲存著無始以來的生命資訊，而我們現在能意識到的，只是其中微不足道的一部分。西方心理學也有類似觀點，比如佛洛伊德認為，潛意識像大海中的冰山，意識只是冰山露出海面的一角而已。

生命是一種積累，伴隨各種心理，會產生相應的語言和身體行為。這些身口意活動發生後，將在內心形成力量，唯識學稱為「種子」。其中有貪婪、瞋恨的種子，也有慈悲、善良的種子。包括我們所學的文化知識，形成的人生經驗，都會作為種子保存起來。這些種子就是我們具備的能力和認識，一旦條件具足，相應的能力就會產

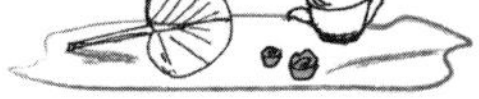

生活動，所謂「種子生現行」。而在從事各行各業的過程中，又會進一步積累新的種子，所謂「現行熏種子」。

學習就是不斷重複的過程。我們今天有各自的性格、能力、興趣、愛好，正是長期積累的結果。因為重複內容不同，所以生命的累積千差萬別，由此造就眾生的獨特性。但人類的重複並非機械，每次重複都會或多或少介入意識成分，使心行發生變化。可見重複什麼非常重要。

轉依

如果把心靈比作花園，其中有芬芳的花朵、美好的果實，就像我們內心有善的力量、愛的力量、慈悲的力量。一旦這些力量產生作用，不僅會滋潤自己的心田，也會給社會大眾帶來利益。同時，我們內心也有種種不善的力量，如貪婪、仇恨、焦慮、陰暗、嫉妒、狹隘和對立等。當這些負面情緒生起時，我們就會成為最大的受害者。因為這種傷害來自生命內在，即使把自己關在房間，依然會飽受煎熬，無從躲避。而當煩惱外化時，還會進一步傷害到他人乃至社會。所以佛法把種子分為兩類，一是清淨種子，一是雜染種子，包括煩惱雜染和業雜染，需要改變和消除。

唯識修行和哲學最大的不同，是提出了轉依的概念。依即依託，就是轉變生命依託的基礎。我們有沒有關注過——自己是什麼樣的存在？是健康還是病態的存在？是美好還是糟糕的存在？很少有人對自己做這樣的省察。人們更關注的是擁有多少財富、多高地位，進而為得到名利不擇手段，以為這樣就能幸福。最後卻為了眼前利益

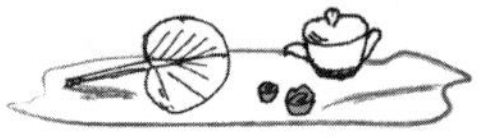

把心態和健康搞壞，根本就沒有幸福的能力，可謂捨本逐末。事實上，你是什麼遠比擁有什麼更重要。因為擁有只是暫時的，而你是什麼樣的存在，不僅關係到當下的幸福，也關係到盡未來際的幸福。

轉依，就是改變你的存在，轉染為淨、轉迷為悟。就像園丁要清除花園中的荊棘和雜草，我們也要清除生命花園中的煩惱種子，培育善的力量、愛的力量，以及慈悲的力量，為它們提供陽光、水分和養料，使生命系統不斷優化。迷和悟，是代表內在的無明和覺性，前者是無始以來的存在，後者也是生命本自具足的，有待開發。解脫心理學所做的，就是通過聞思修和八正道成就智慧，從而轉變雜染的輪迴心理，發展清淨的解脫力量，最終走出迷惑、走向解脫。

以上，說明了意識和潛意識在解脫修行中的作用。

二、解脫的心理基礎

佛教把八識稱為心王，此外還有五十一心所，跟隨並配合心王產生活動。解脫心理學主要立足於心所展開，其中又分六種類型，分別是遍行五、別境五、善十一、根本煩惱六、隨煩惱二十，以及不定心所四。

所謂遍行，即常規、普通的心理，包括作意、觸、受、想、思五種，是輪迴和解脫的共同基礎。換言之，輪迴和解脫都是從這些基本心理發展而來的。如果我們對此缺乏瞭解，就無法在起心動念時加以選擇。其結果，就會在不知不覺中導向輪迴。因為這是我們運作了生生世世的模式，有著強大的慣性。

十二因緣就是關於輪迴的心理過程，由無明、行、識、名色、六入、觸、受、愛、取、有、生、老死十二種因素構成。如果不能解除這環環相扣的生死之鏈，輪迴是沒有盡頭的。其中又以無明為根本，所謂「無明為父，貪愛為母」。眾生因為無明而造業，由業力推動識去投胎，就有了現在的五蘊身，包括名和色兩部分。

名是精神部分，即受蘊、想蘊、行蘊和識蘊；色是物質部分，即色蘊。因為名色，就會發展出六入，即眼、耳、鼻、舌、身、意六根，這是認識世界的管道。有了六根，就會緣色、聲、香、味、觸、法六塵，產生接觸，進而帶來苦、樂、憂、喜和

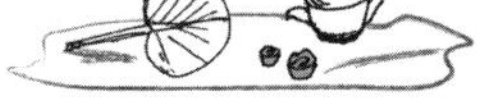

不苦不樂的感受。有了這些感受，心就會黏上去，產生愛著，對痛苦耿耿於懷，對快樂戀戀不捨。因為愛著，就想進一步佔有它，形成種子，導致生死輪迴。

在所有精神活動中，五遍行是普遍存在且貫穿一切的心所。首先是「作意」，屬於警覺的心理。比如我們到一個陌生場所，可能存在危險，這時就會心生警覺。警覺和覺知有關，保有警覺，可以避免在不知不覺中陷入五欲六塵。否則的話，心很容易被慣性帶跑，被凡夫串習帶跑。所以修行要用好警覺，對心和境保持覺知，才能進一步選擇善所緣，安住於此。

其次是「觸」，有生長義。佛教有個法門叫十二處，指眼、耳、鼻、舌、身、意六根，在緣色、聲、香、味、觸、法六塵的過程中，引發愛、取、有等一系列連鎖反應。在凡夫的習慣中，看到喜歡的就生貪，看到不喜歡的就起瞋，所以在根塵相觸時，總會習慣性地心生好惡，引發種種煩惱。所以佛法又將十二處視為漏處，即煩惱產生的處所。之所以會這樣，正是因為缺乏智慧。古德說，修行要在「六根門頭，見聞覺知，不被染汙」。如果在根塵相觸的每個當下保有觀照，不迎、不拒、不隨，就不會因此被串習左右。從這個意義上說，十二處也是修處，即修行處所。

第三是「受」。在接觸世界的過程中，我們會產生各種感受，主要有苦、樂、憂、喜、捨五種。面對不同對境時，心會在這些感受中徘徊，時苦時樂，時憂時喜。

最後是「想」和「思」。有了受之後，我們會對認識物件產生各種想法，然後付諸行動，決定做什麼或不做什麼，也就是這裡所說的「思」。

這種選擇會導向截然不同的結果。如果我們對受生起強烈貪著，就會導向輪迴。在四念處的修行中，要「觀受是苦」，認識到受是緣起、無常無我的，其本質是痛苦的。當我們對受不再有任何黏著，就不會引發愛取有，也不會進一步導向生和老死。

可見，五遍行是修習解脫的心理基礎。

三、解脫的心理建設

別境心所是在特定環境下產生的。《百法》中，別境心所有欲、勝解、念、定、慧五種，和三十七道品的五根、五力有相似之處。五根為信根、精進根、念根、定

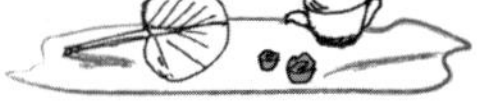

根、慧根，五力則是信力、精進力、念力、定力、慧力。在性質上，別境心所通善、惡、無記三性。那麼，怎樣才能將它們導向解脫的心理建設？

欲

首先是欲。說到欲，人們很容易產生「縱欲、為所欲為、欲壑難填」等負面聯想，認為欲望屬於不善心所。其實在佛法中，欲望是有不同性質的，包括善的欲望、不善的欲望和非善非惡的欲望，不能一概否定。比如渴了要喝水，餓了要吃飯，屬於正常需要，無所謂善惡。只有當一個人索求無度，為此不擇手段，造作種種惡行，才是必須斷除的不善欲望。此外，如果我們想要解脫，想要成佛度眾，就是善法欲，是修行的重要動力。佛教所說的出離心、菩提心等，都屬於善法欲的範疇。菩提路漫漫，必須上下求索，如果沒有強大的意願為支撐，是難以堅持的。所以在禪修的四神足中，第一也是欲，必須以「我要修習禪定，要成就解脫」的願望為前提。

勝解

勝解，也稱信解。在佛法修行中，見道之前的資糧位、加行位，都屬於勝解行地。關於勝解，《瑜伽師地論》的解釋是「謂於決定事，隨彼彼行，印可隨順性」，就是對通過判斷做出明確選擇的事，在實踐過程中應該努力堅持，絕不動搖。

我們知道，學佛首先要具足正見。怎樣才能具足正見？就要學習佛法對世界的認識，但更重要的，是確信這種認識，而不僅僅是概念上的知道。佛法以緣起看世界，指出一切現象都遵循因緣因果的規律，其本質是無常、無我、無自性空的。但佛陀並沒有把這種認識強加於我們，而是讓我們通過聞思瞭解這一正見，再以此觀察身心和世界，看看它們是不是這樣。

當我們通過反復的學習、觀察、思考，發現身體確實是因緣和合、世界確實是無常變化，發現自己對永恆的期待確實是錯誤的，才會對無常無我、緣起性空、諸法唯識的正見產生勝解。此時的理解就不是簡單的概念，而是發自內心的確認，不再有任

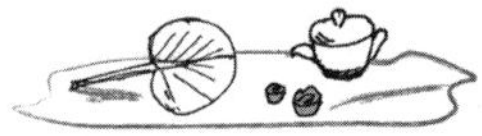

何疑惑。

需要注意的是，勝解並不都是對的，更不等於正見。比如有些人接受了錯誤思想，加以錯誤的觀察修，對此產生勝解，就會形成堅固的邪知邪見。信邪教也信得很堅定，這就非常可怕。

所以勝解本身是通三性的，只有建立於正見的勝解，才是我們需要的。在三級修學中，我們對所有法義的學習，都是通過觀察修、安住修獲得正見。然後還要運用這些正見待人處事，在實踐中加以鞏固。進一步，則是通過禪修將聞思正見落實到心行。

念

念，是「於曾習境，令心明記，不忘為性」，就是記住曾經認識的物件或經歷的事。人生有種種經驗、對境和記憶，由此引發相應的心理活動。立足於解脫的禪修，是在勝解的基礎上，在六根緣五蘊和六塵時，以智慧觀察自身和世界。《阿含經》

中，把觀察對象歸納成身、受、心、法，為四念處，是修行的突破口。

身，是我們的身體。應該如何看待這個五蘊身？通常我們會把身體執以為我，其中到底有沒有我？我們希望身體永恆，它到底能不能永恆？受，是我們的感受。面對苦樂等種種感受，我們有習慣性的處理方式，這些方式對不對？心，是各種心理活動。怎麼看清心念活動？怎麼處理情緒、煩惱？法，包括一切五欲六塵。學佛前，我們立足於無明、我執和貪瞋癡來看待一切，由此導致愛、取、有和生、老死，將生命導向輪迴。

我們希求解脫，就要以正見觀察身受心法。首先是訓練覺知，可以從專注呼吸入手，知道呼吸的長短粗細，知道呼吸的生起和息滅。通過反復訓練，讓覺知越來越微細，越來越清晰，對每個起心動念都清清楚楚。這一訓練包含止禪和觀禪。止禪需要選擇一個所緣境，把心安住於目標，保持專注，不讓心東跑西跑。如果從目標離開，再把它拉回來，持續、穩定地保持專注，由此成就定力。觀禪是在止的基礎上，對所緣影像保持觀照，從物件的生滅變化了知無常、無我、無自性空。四念處的修行重

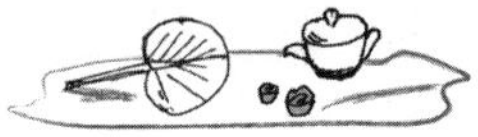

點，就是以正知正念觀察身體、感受、心念和諸法，並以此強化正知正念。

定

修習正知正念，是為了進一步導向定，也叫心一境性。關於定的修行，佛教有「九住心」之說，是把專注到入定的過程分為九個步驟。前四步是內住、續住、安住、近住。首先選擇一個善所緣作為專注目標，讓心從飄忽不定到持續穩定，從短時間安住到長時間安住。

後三步是調伏、寂靜、最極寂靜。當我們打坐時，內心會有很多念頭在掙扎。因為凡夫心已經習慣動個不停，即使坐下來，還是樹欲靜而風不止。這就需要看著它，用種種方法攝受它，才不會跟著跑。當此起彼伏的念頭被調伏，心就會進入真正的安靜。

第八步是專注一趣，即持續保持安住。最後第九步是等持，此時心已經穩定，不需要刻意用功，就能安住在定的狀態。

慧

培養定力的目的，是以此開啟智慧。只有在定的基礎上，才能將聞思得來的正見，導向觀照般若。通過對身體、感受、心念、諸法的觀察，證悟諸法實相。我們可以用《阿含經》的智慧觀察，也可以用《中論》《楞嚴經》等經論闡述的智慧觀察，觀察色受想行識是無常、無我、了不可得的。

心念是什麼？比如你現在很生氣，這種情緒似乎很真實，很強大，此時就要觀察：這個氣在哪裡？到底是怎麼產生的？如果你能對情緒做智慧審視，會發現它其實是沒有自性的，根本就找不到，所謂「覓心了不可得」。不僅現在心不可得，過去心和未來心同樣不可得，只是眾多因緣的和合，才構成當下的心念活動。這種念頭是緣生緣滅的，沒有固定不變的自性。

心念如此，我們做的任何事都是如此。比如去哪裡，《中論・觀去來品》說：「已去無有去，未去亦無去，離已去未去，去時亦無去。」如果對「去」加以解構，

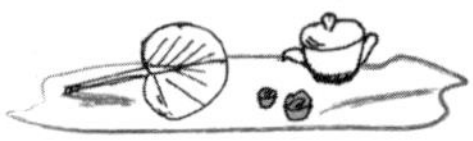

會發現根本不存在所謂的「去」，不論是已去、未去、離開和去時，任何情況下都沒有實實在在的「去」。就「去」的動作來說，離不開腳的運動；就腳的構成來說，離不開經絡、血肉等等。總之，從身體到動作乃至一切顯現，都是無自性的，只是因緣假象而已。當我們通過慧觀加以解構，就能空掉對現象產生的執著和煩惱。

《楞嚴經》的視角則告訴我們，五蘊、十二處、十八界，當下都是如來藏，是妙明真心，每個起心動念在本質上都是覺性的作用。當我們真正能夠這樣觀察時，就能在每個心念的當下體認覺性。

禪修的利益

通過修習四念處，可以培養正知正念，令心安住，由成就定力開啟智慧。這麼做會給生命帶來什麼利益？《百法》講到的十一種善心所，為信、慚、愧、無貪、無瞋、無癡、精進、輕安、不放逸、行舍、不害，其中不少和禪修有關。

比如無貪、無瞋、無癡，常人很難想像，沒有貪瞋癡是什麼狀態。其實當我們安住於正知正念，心就不落入貪瞋癡。輕安，是身心的輕快、愉悅。老子說「吾有大患，為吾有身」，可見身體其實是個沉重的負擔。但相對色身來說，內心的情緒和煩惱更容易讓我們不得安定。通過禪修，能使身心遠離粗重，擺脫煩惱。行舍，是由平等帶來的寧靜。凡夫心是不平衡的，所以會四處攀緣，必須忙些什麼，內心才會充實。而處在禪定狀態時，本身就是自恰、安靜和獨立的，不必依賴外在事物達到平衡。這些都是修習正念和正定的利益。

四、解脫的心理障礙

修行會有種種障礙，對禪修來說，主要表現在五蓋，即貪欲蓋、瞋恚蓋、昏眠蓋、掉舉惡作蓋和疑蓋。釋迦牟尼佛在菩提樹下悟道前，曾降伏十種魔軍，分別是欲、憂愁、饑渴、渴愛、睡眠、怖畏、疑悔、瞋恚、利養和自高驕慢。可見魔不僅指天魔，還有自身的心魔。降魔成道的關鍵正是降伏心魔，即內在的種種煩惱。

《百法》把煩惱分為根本煩惱和隨煩惱。根本煩惱有貪、瞋、癡、慢、疑、惡見

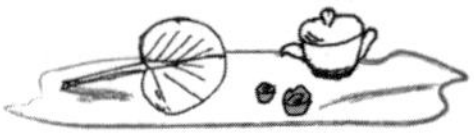

六種。一是貪，不論貪名、貪財，還是貪色、貪吃，所有貪著都會障礙解脫。二是瞋，令內心熱惱躁動，所謂「一念瞋心起，百萬障門開」。三是癡，即無明，是最根本的障礙。四是慢，和我執有關，即驕慢、傲慢。五是疑，即不相信三寶、四諦及三法印的真理，這樣就會失去證悟空性、成就解脫的機會。六是惡見，即障礙修行的錯誤認識，包括身見、邊見等。

除了根本煩惱，還有二十種隨煩惱，包括小隨煩惱十種、中隨煩惱二種，和大隨煩惱八種。其中，小隨煩惱有忿、恨、惱、害、嫉、誑、慳、覆、諂、驕，前五種是瞋心所的分身，後五種則與貪密切相關。這些煩惱粗重而易於察覺，即使對普通人來說也是明顯的過失。

比如對自身遭遇感到忿懣或嫉妒他人，就會懷恨在心、惱羞成怒，進而想要傷害他人，發洩憤恨。這些瞋恨相關的心所既是生活中常見的，也是影視、文學作品的重要題材。可以說，愛和恨就是凡夫世界的主旋律。愛和恨的根本是什麼？就是癡。所以佛陀真是大智慧，用貪瞋癡三個字就對世間一切現象作了概括。

貪也有很多分身，如誑、慳、覆、諂、驕。很多人為了賺錢而用假話欺騙他人，是為誑。因為貪心而不願和他人分享利益，是為慳。因為貪著個人榮譽，幹了壞事怕人知道而刻意覆藏，是為覆。為了得到他人利益而阿諛奉承，是為諂。這和隨喜讚歎不一樣，不是本著利他心說愛語，而是帶著目的曲意逢迎。

中隨煩惱，是無慚和無愧。和小隨煩惱一樣，生活中時常發生，也是比較容易察覺的。

大隨煩惱，是昏沉、散亂、掉舉、懈怠、失念、不正知、放逸、不信，其形較為微細，主要是禪修過程中容易出現的。這並不是說平常碰不到，只是一般不會注意。昏沉，是內心沒有力量、昏昏欲睡。就像電器沒電就無法啟動，心也會因為缺乏力量而無法提起正念。散亂，是內心不能安住於目標，七上八下、東想西想。掉舉，是內心因亢奮而高舉，比如想到過去得意的事就忘乎所以，仿佛在空中飄來飄去，無法落到禪修目標上。懈怠，是隨順貪瞋癡的不良習性，不能精進修行。失念，是失去正念，被妄念的串習左右。不正知，是失去正知，陷入無明和不知不覺。放逸，是放任

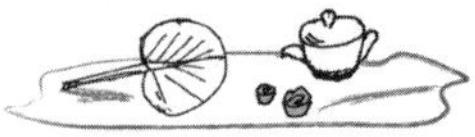

煩惱串習，對自己不加約束。不信，是不相信三寶功德，以及禪修所帶來的解脫利益。這些都是禪修時需要克服的。

在佛法修行中，每種煩惱都有相應的對治方法，比如以正知、正念、正定，對治昏沉、散亂、掉舉、失念和不正知；以精進對治懈怠和放逸；以正信對治不信。一方面，我們要通過正知正念的訓練，成就無貪、無瞋、無癡、輕安、行舍等善心所；另一方面，還要克服禪修中容易出現的種種障礙。隨著正知正念的力量不斷增強，就會從正念進入正定。

有了定的基礎，還要在正見指導下，對身、受、心、法作智慧觀察，觀身不淨、觀受是苦、觀心無常、觀法無我。當我們真正了知身心和世界的真相，就能從根本上消除煩惱。單純停留在禪定狀態，也能降伏煩惱，但煩惱種子並未消除，只是暫時不起現行。這就必須以智慧觀照，看到一切都是緣起，其本質是苦，是無常、無我、無自性的。

解脫是聲聞乘特別強調的，也是大乘修行的根本所在。只是我們過去對這一塊重視不足，導致很多人在實修上有些力不從心。雖然禪宗的「直指人心，見性成佛」很殊勝，但起點太高，不易契入。如果未來能在四念處的基礎上，結合大乘的修行特點，在發心上，從出離心提升到菩提心；在見地上，以中觀、唯識和禪宗的正見為指導，那麼四念處也會成為大乘解脫道的修行。

本立方能道生，自覺乃得覺他，這都離不開解脫之根本。希望大家發心追求解脫、修習解脫、成就解脫，引領眾生共同解脫！

8

生命的痛苦及其解脫

——1993 年講於河北柏林禪寺第一屆生活禪夏令營

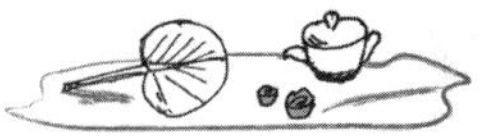

人生，最重要的是生命，最希求的是幸福。如何才能使人生獲得幸福？古往今來，人類為探索幸福不懈努力著。遺憾的是，多數人對這個問題缺乏正確認識，只知道一味追逐財富、地位、名利、愛情……以為擁有這一切就能幸福。然而在物質文明如此發達的今天，人們在享有豐富物質生活的同時，依然煩惱重重、痛苦不堪。原因是什麼？我想從佛教的觀點和大家談一談：生命的痛苦及其解脫。

一、造成生命痛苦的原因

造成生命痛苦的原因是什麼？這是大家非常關心的話題。如果我們就這個問題展開調查，答案往往因人而異：有人因身體病弱，長年纏綿病榻而痛苦；有人因衣食無著，終日操勞不休而痛苦；有人因年齡漸長，依舊孑然一身而痛苦；有人因感情受挫，無法排遣孤獨而痛苦；有人因希望當官，但升職無望而痛苦；有人因生意清淡，不能發財而痛苦……各人處境不同、追求不同，對於痛苦的認識也不盡相同。

但所有這些，只是痛苦帶來的現象，並不是痛苦產生的根源。若是一個人因為衣食無著而痛苦，一旦吃飽穿暖就能獲得永遠的幸福嗎？若是一個人因為身體欠佳而痛苦，一旦恢復健康就能獲得真正的幸福嗎？若是一個人因為單身而痛苦，一旦結婚成家就能獲得圓滿的幸福嗎？若是一個人因為地位低下而痛苦，一旦官運亨通就能獲得恆久的幸福嗎？

如果痛苦可以通過這些現實問題得到解決，那麼世上大約不會有那麼多人沉溺在痛苦中。對任何人來說，只要生命中還存在煩惱，不論物質條件如何，也不論地位高低或人生遭遇怎樣，總會有這樣或那樣的痛苦。

我們要想活得快樂幸福，必須找到痛苦的根源並從根本上斷除。就像醫生治病，必須清楚病根所在，否則頭痛醫頭、腳痛醫腳，所謂的治療只是治標而不能治本。即使暫時緩解病情，但病灶不除，總有復發的一天。

那麼，造成生命痛苦的根源是什麼？佛法告訴我們有以下幾個方面。

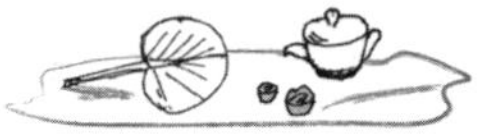

無知

「無知」二字，一般人都理解為沒有知識。在今天這個資訊時代，文化知識顯得尤其重要，正如常說的：知識就是力量，知識就是財富。

在座的都是知識份子，對於世間知識想必不會陌生：學歷史的有歷史知識、學中文的有文學知識、學哲學的有哲學知識、學生物的有生物知識……掌握這些知識，可以賦予我們生存技能和相關素養，但對瞭解自我並沒有多少切實可行的幫助。換句話說，擁有知識並不等於擁有快樂，也並不等於能遠離痛苦。

那麼，給生命帶來痛苦的無知究竟是什麼呢？

從佛法觀點來看，無知就是缺乏透視宇宙人生真相的智慧。對於和我們息息相關的生命，人類幾乎一無所知：我們不知道生從何來，死往何去？不知道生命的前因後果。對於自身的心靈世界，我們同樣感到陌生：我們沒能力把握心念，時而煩惱、時而歡樂、時而痛苦、時而狂喜……面對這些情緒的變化，我們作為當事者，常常茫然不知所措。對於生存的世界，人類至今還缺乏足夠的瞭解：宇宙究竟如何形成？地球究竟何時毀滅？在我們認識的事物中，何為虛妄？何為真實？從個體生命到生命所依存的宇宙，我們的認識極其有限。我們所看到和瞭解的只是滄海一粟而已。

錯誤的觀念也是來自無知。由於我們缺乏智慧，就無法對世界和人生形成正確認識，因而顛倒黑白，產生種種錯誤觀念。而觀念是指導行為的準則，有什麼樣的觀念，就會有什麼樣的人生。

對於不信因果的無神論者來說，往往會對不法行為心存僥倖，一旦果報成熟，痛苦在所難免。而對於享樂主義者來說，以為人生應該及時行樂，只知奢侈浪費、盡情揮霍。不明白福報是有定限的，就像銀行存款一樣，支出多少就會減去多少。同樣的道理，我們這一生的福報來自前生的積累，享受一分就損失一分，如果只知揮霍，福報享盡，未來只有在窮困潦倒中度過。所以祖師教導我們：福不可以享受到盡頭。假如福報盡了，幸福和快樂的源泉也就枯竭了。

迷信也是由於無知造成的。在浩瀚的宇宙面前，在神奇的大自然面前，人類顯得

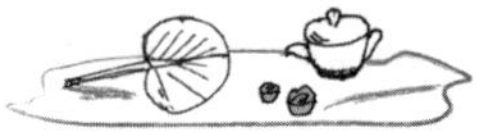

如此渺小和無能。正如愛因斯坦所說：「最大的祕密是宇宙的存在和它的被理解。」在人類的早期活動中，由於對宇宙人生缺乏瞭解，萬物有靈論幾乎通行於世界各民族：山有山神、樹有樹神、打雷有雷神、颳風有風神、下雨有雨神、掌管學業有文昌神、管轄農作有神農大帝、主持陰間有閻羅王……世間一切都在神靈的控制下，包括我們一生的吉凶禍福，也來自冥冥之中的安排。

儘管現代科學已在一定程度上對此做出了解釋，使人類對世界的認識不再停留於簡單的猜測和臆想，但萬物有靈的影響至今不衰，依然有很多人將全部幸福寄託於對神靈的祈求和祭拜。

人類對於命運的關注，使古老的算命術至今仍大有市場。那麼，到底有沒有命運呢？從因果的角度來看，命運的確存在。但算命看相的準確性卻很值得懷疑，它關係到操作者的心智修養及所依典籍的可靠性。很多時候，這些對運程的推算不過是蠱惑人心的遊戲而已。倘若對其過分依賴，顯然是不明智的。還有人迷信風水，不論是買地還是蓋房都要請人勘查指點。其實，環境的影響固然存在，但能直接影響人生的還是自身行為。事實上，命運就取決於我們造作的善惡業力，是隨著我們的起心動念和所作所為變化的。

也有人說，以上這些我都不信、都不迷。可我們仔細觀察就會發現，通常情況下，每個人都會有自己特別在乎和關注的所在，從而使心念不由自主地轉向該處。其實，這正是我們心之所迷：貪財的是財迷，貪色的是色迷，貪權的是權迷，其他如球迷、歌迷、影迷……更是形形色色，不一而足。

總之，沒有覺悟的眾生難免情有所鍾，難免向外界攀緣。因為有所迷，就會有所執著，而執著正是痛苦的根源之一。當我們的心沉溺於某件事物時，就會被它的種種變化所操縱，無法超然物外。財迷為了斂財絞盡腦汁，權迷為了地位費盡心機，歌迷為了偶像朝思暮想，而這些年來，中國足球的屢屢挫敗，又給廣大球迷帶來多少失落和沮喪啊！

我們的不良習慣也來自無知。習慣是影響心態和生命品質的重要因素，甚至可以說，習慣影響著我們的生活，控制著我們的人生，左右著我們的命運。

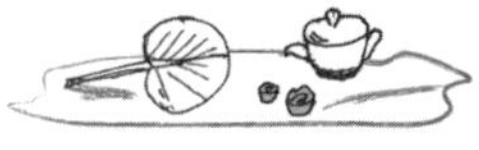

在我們的成長過程中，培養良好習慣非常關鍵。可是眾生由於無知，總會在不知不覺中沾染許多不良習氣。有些人喜歡鋪張浪費，以一擲千金來炫耀財富，結果不但折福，還引來他人的覬覦；有些人喜歡表現自己，以誇誇其談來顯示能力，結果事與願違，導致他人的反感；有些人喜歡獨斷專行，以強制手段排除異己，壓制他人，結果樹敵眾多；有些人喜歡沽名釣譽，以種種不正當手段獲取虛名，結果為世人所不齒；還有些人喜歡賭博，將此視為一本萬利的生意，結果不能自拔，乃至傾家蕩產……

一切社會問題及犯罪現象的產生，也來自不良習慣。爭鬥往往從自我中心開始，盜竊往往從貪圖小利開始，貪汙往往從以權謀私開始，暴力往往從欺負弱小開始，詐騙往往從好逸惡勞開始……當不良習慣處於萌芽狀態時，很少會引起我們的重視，但若不能及時察覺，任其發展，後果不堪設想。毒品的過患雖已人盡皆知，吸毒現象卻屢禁不止。究其原因，很多吸毒者在開始時，並沒有意識到這些行為已觸犯法律。只是被不良習慣縱容，或是出於好奇以身試法，或是因為空虛無聊尋求刺激，或是因為生活受挫逃避現實。卻不曾想到，這種暫時的滿足會帶來無窮後患，使身心受到極大摧殘。

除了上述種種，我們不願讓心有片刻閒暇，也屬於不良習慣。世人總是習慣於忙忙碌碌，不肯將心念稍作停留。除了工作和家務之外，我們還用各種娛樂將所剩無幾的閒暇時間打發殆盡。電視雖然在很大程度上使我們拓寬了眼界，增長了見識，豐富了文化生活，但也在無形中成為生活不可或缺的依賴，消耗了我們大量的時間。席捲全球的網路更是如此。它們在現代科技的誘人包裝下，不斷助長向外攀緣的心，使我們只有在外境刺激下才感到充實，一旦稍有閒暇，就覺得空虛無聊。其實，這種所謂的充實是短暫而虛假的。

真正的充實是來自內心。如果我們向內尋找，找到那個本來清淨、具足萬法的源頭，在任何情況下都能自足，都能找到平衡，根本不需要依賴於外境。

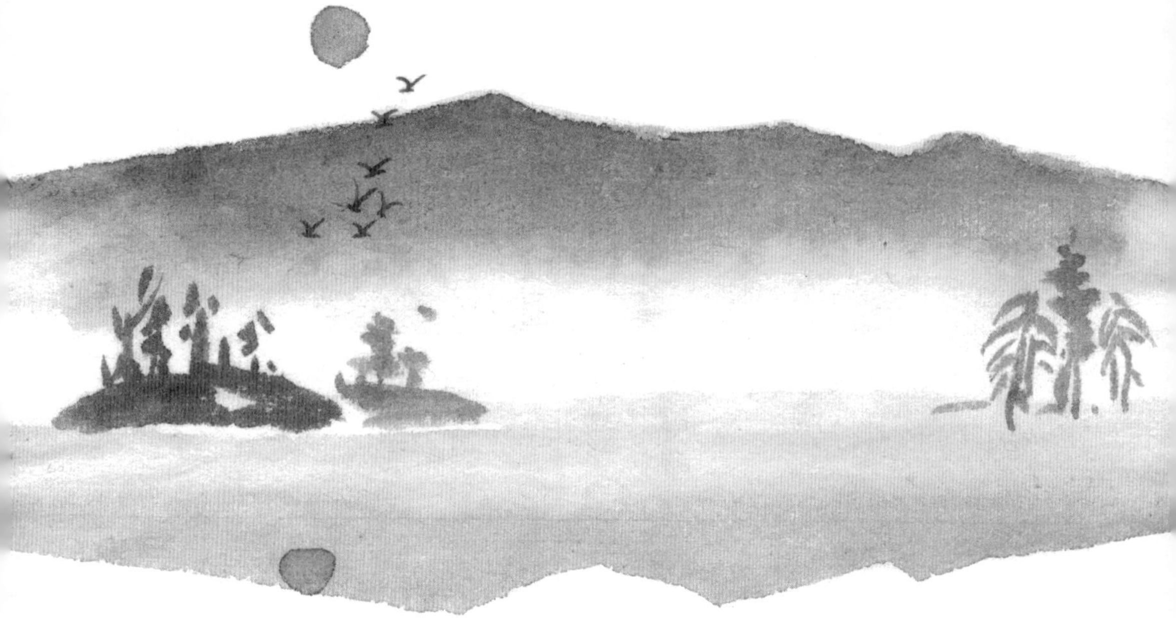

執著

由於無知，我們還會進一步產生執著。

眾生的執著遍佈時時處處，經論中將此稱為遍計所執。「遍」是普遍，「計」是計度分別，就是對一切事物加以分別。當然這種分別是不正確的，因為它來自我們對世界的無知和錯誤觀念。而「所執」就是我們的執著，是在虛妄分別的基礎上產生執著。對於這種執著，佛教將其歸納為兩類。

第一、法執

即對法的執著。說到「法」，我們通常會理解為法律或法則，而佛教所說的「法」是廣義上的，包括世間的一切：不論是精神、物質的，還是有為、無為的；也不論是善良、清淨，還是醜惡、染汙……都屬於「法」的範疇。

佛教中對「法」的定義為：「軌生物解，任持自性。」軌生物解，是說能使人瞭解它是什麼；任持自性，是說法具有自身的體性和特徵。如水以濕為自性，因為它擁有濕的特徵；火以暖為自性，因為它擁有暖的特徵……總之，一切事物都可以從法的角度去分析。

明白了法，再說法執。眾生的法執非常普遍，比如我們對名言概念的執著。其實，語言不過是後人約定俗成的符號，並非事實本身，就像我們說到「火」這個字不會燒嘴一樣。但眾生愚癡，總是將名言概念執為真實的存在，其中尤以對名字的執著為甚。

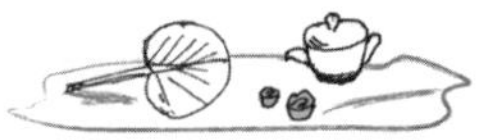

除了名言的執著，我們對自己的身體也呵護備至。俗話說，身體是革命的本錢。但我們的一生，與其說用身體來為學習和工作服務，不如說，很多時候都做了身體最忠實的奴僕：忙於它的吃、穿、住，忙於它的享樂，忙於滿足它的種種欲望……甚至忙了幾十年還嫌不夠，希望能永遠忙下去。在古代忙於煉製丹藥，到現代又忙於病體冷凍，為了長生不老的幻想，忙出種種匪夷所思的花樣，結果自然是徒勞。因為世間一切都是無常的，地球尚有毀滅的一天，何況我們脆弱的色身？佛經告訴我們：有生無不死。如果我們把色身執為永恆不變的實體，就難以面對它的衰老，面對終將來臨的死亡。

我們還對色相執著不已。尤其是女孩子，對容貌的珍視更甚。不惜將大量時間和精力用於裝修身體、塗脂抹粉、變換髮型，搞得全身細胞不得安寧。其實，身體遠不如我們以為的那麼乾淨，不說腐爛的死屍，就是青春妙齡的少女，體內又有些什麼呢？皮肉下不過是骷髏般的骨架，骨架中不過是無法美化的五臟六腑，至於臟腑間的內容，更是汙穢不堪。我們每天正是帶著這些自己不喜歡的內容四處走動，不但不嫌棄，還要將它們套上華麗的包裝，百般珍愛。雖然這個身體「九孔常流不淨」，但眾生認識不到這一點，反而執身為淨為常，引發許多無謂的煩惱。所以佛陀反復告誡我們，要觀身不淨，觀身無常。

身體以外，我們還執著財富為實在。隨著社會商業化的進程，金錢萬能的口號已經到了肆無忌憚的地步，似乎有錢就有一切，所以一切都在向錢看。當然，生存需要一定的物質基礎。但在溫飽問題基本解決的今天，人們對財富的執著不但沒有減輕，反而愈演愈烈。金錢被奉若神明，而賺錢則被當作生活的唯一目標。對很多人來說，擁有財富已不再是為了保障生活，而是滿足貪欲的手段。可我們沒有想過，積聚的財富終將消散：竊賊會千方百計來瓜分它，兒女會心安理得地揮霍它，即使牢牢地鎖在保險櫃中，通貨膨脹也會使它在一夜間成為精美的廢紙，更不必說天災人禍的摧毀。如果我們將財富視為永恆，無疑是在生命中埋下又一粒痛苦的種子。

執著感情也是導致痛苦的原因之一。我們嚮往的兩情相悅一旦落入現實，總會帶來這樣那樣的不如意：或是由於單相思帶來求不得苦，或是由於天各一方帶來愛別離苦，或是由於生活中的摩擦帶來怨憎會苦。若是雙方彼此愛慕，又會進一步希望相愛到永遠。可世間是無常的，心念是無常的，不論什麼樣的愛情誓言，都難以經受無常的考驗。世人總是將結婚成家視為人生幸福的重要組成部分，卻不知這正是麻煩和牽掛的開始。

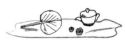

除此以外，眾生的執著還有很多：對地位、事業、名譽的執著，以及對親人的執著等。殊不知，世間一切都是無常而虛幻的，如果我們將其妄執為有，妄執為常，就好比作繭自縛。只有充分認識到緣起的假象，認識到性空的原理，才能從根本上破除執著。

第二、我執

我，是主宰義、常一義、不變義。

眾生總覺得在自己的生命中，有一個恆常不變的自我為主宰。所以時時為我著想，處處以自我為中心，一言一行都反映出強烈的自我：我喜歡，我討厭；我愛，我恨……如果做個統計，我們一天不知要說多少個「我」字？

因為有了「我」，進而就會產生我執。

通常我們會執名字為「我」。但凡聽到自己的名字，總會引起特別關注，覺得這個名字就是我，讚歎它就是讚歎我，譭謗它就是譭謗我。其實，名字只是父母取的代號而已，並不能代表真正的「我」。否則，我們只需換個名字，就能將自己變成另一個人，而那些有別名、筆名等不同名字的人，又以什麼作為「我」的象徵？所以說，執名字為「我」，為之憂為之喜，實在是毫無意義的。

我們也會執身體為「我」。色身乃四大假合，其中何嘗有「我」的存在？所以禪宗祖師會讓人去參：「父母未生前的本來面目是什麼？」在身體中究竟什麼代表真正的「我」？在醫學發達的今天，組成色身的許多部件都可以移植、再造，如果其中任何一部分是「我」的話，「我」的概念早已被現代醫學所挑戰：經歷了整容手術的「我」是誰？經歷了心臟移植的「我」是誰？可凡夫由於無知，將當下這個虛假的色身妄執為我，就會為容貌的美麗或醜陋，為身材的魁梧或矮小，為身體的健康或衰弱

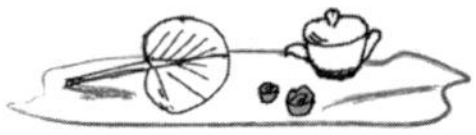

而百般思量，徒尋煩惱。老子說：「吾所以有大患者，為吾有身；及吾無身，吾有何患？」這也從一個側面反映了佛法所說的「身為苦本」的原理。

我們還執服裝為「我」，格外注重外表的包裝，以為全身名牌就高人一等；我們還執工作為「我」，職業不僅是謀生手段，更是處世的面子所在；我們還執地位為「我」，一旦身居要職就不可一世、趾高氣揚。其實，服裝、工作、地位與真正的「我」又有什麼關係？當這一切發生變化時，「我」是否也會隨之起起落落？

眾生的執著形形色色，遍一切時、遍一切處，歸納起來不外乎我法二執：無我執我，無常執常；執垢為淨，執苦為樂……正是由於執著，帶來了無盡的牽掛和煩惱，及種種事與願違的痛苦。我們只有用智慧破除無明和執著，才能體會放下的自在，體會衝出樊籠的解脫。

煩惱

無知和執著之所以是生命痛苦的根源，正是因為它們會導致煩惱。煩惱不僅是痛苦的肇事者，它的本身就是痛苦。一旦感染煩惱病毒，內心的寧靜就會被徹底破壞。煩惱潛伏在我們的生命中，佔據著我們的心靈，不論走到哪裡，都會把煩惱帶到哪裡。如果用一個成語形容，那就是——如影隨形。

那麼，眾生的煩惱究竟有哪些呢？佛經中稱有八萬四千煩惱。在欲界、色界、無色界中，不同生命層次有著不同的煩惱。其中，根本煩惱有六種，它們是一切煩惱生起的土壤；隨煩惱有二十種，隨根本煩惱的作用而生起。我們首先來認識幾種根本煩惱。

第一為貪心所。這是人類最常見的心理活動之一，即對自己喜歡的境界產生染著和佔有之心。

當我們的心被燃燒的貪婪佔據時，就會失去對行為的制約，為滿足貪欲無所不為。因為貪著財物而不擇手段、貪著地位而結黨營私、貪著虛名而自贊毀他，或者因為貪著而不惜踐踏人格，以諂曲、奉承等手段達到目的。

貪的範圍十分廣泛，《成唯識論》曰：「貪於有、有具，染著為性。」「有」是三有，即欲界、色界和無色界；「有具」則是三有之因。三界的現象和招感三界現象的因緣，都是眾生的貪著所在。我們貪著身體，貪著財富、事業，貪著地位、名譽；我們貪著美味的佳餚，貪著悅目的色彩，貪著悅耳的聲音，貪著動聽的恭維，貪著舒適的住宅，貪著愜意的環境……總之，我們貪著一切的一切。

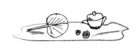

貪著使我們的心不由自主地為之牽引，產生種種掛礙。當貪著沒有得到滿足時，心被強烈的希求佔據、折磨著，甚至導致病態的渴望，使我們無視道德規範和法律約束，在貪欲驅使下胡作非為。在貪著得到暫時滿足後，我們的心依舊不得安寧，又會因為害怕失去而陷入患得患失的恐懼中。而那些被充分鼓動起來的欲望，更會魔鬼般繼續摧毀我們的理智，使我們在貪著的陷阱中越陷越深。

從個體生命來說，貪欲是煩惱的根本；而從整個人類社會來看，貪欲又是一切人為災難的基礎。貪著會給世界帶來什麼樣的影響？

隨著欲望的升級，人類正以前所未有的速度吞噬著地球有限的資源：森林被過度砍伐，礦藏被盲目開發，空氣被汙染，水源在變質……資源急速消耗和貪欲不斷增長所形成的惡性循環，正在世界各地蔓延。僅僅幾代人的時間，我們對自然的破壞已超過以往幾千年的總和。今天，我們幾乎是掐著大自然衰竭的脖子在索取。如果不能有效克服貪心，不能將我們的佔有欲控制在合理範圍，而是繼續發展、縱容它，那麼不用多久，我們留給子孫後代的只能是滿目瘡痍的大地，是不再適合人類居住的家園。

與貪表現出的佔有欲相反，瞋則是對自己不喜歡的事物產生惱恨和排斥。

瞋的表現形式很多。在生活中，我們處處可以發現由於瞋恨導致的辱　和爭鬥。或因意見不合彼此惱羞成怒；或因利益衝突彼此怒目相向……當他人對自己構成影響和傷害時，都會引起我們的瞋恨。更有甚者，還會將自己的過錯遷怒於他人。

瞋恨會使人的內心失去平靜。可分析後就會發現，瞋恨實在是愚癡的表現。當我們生氣時，等於「拿別人的過錯懲罰自己」，使自己成為首當其衝的受害者。瞋恨又能使微小的衝突不斷升級，當瞋心被付諸於行動時，理智不見了、道德不見了，甚至連法律也不見了。正如佛經所說的：「一念瞋心起，百萬障門開。」

嫉妒也來自瞋恨心。雖然人類的心靈可以比天空更廣闊，但也可以狹隘到容不下自己以外的任何人。當心靈被嫉妒遮蔽時，我們容不下別人的榮耀、別人的成功，容不下別人的幸福。嫉妒是一種可怕的心理，我們會出於嫉妒去誹謗、干擾他人，處處為他人設置障礙。我們甚至會在極端的嫉妒下，欲置他人於死地而後快，走上犯罪道路。

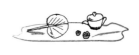

為了對治嫉妒，佛經中特別提倡隨喜的功德。當別人做慈善時、精進修行時，當別人取得進步時，我們只要由衷地歡喜，真誠地讚歎，所獲功德就能和對方一樣。所以隨喜是非常殊勝的法門，不僅能幫助我們有效克服嫉妒，還是成辦世出世間功德的捷徑。

慢，就是尋常說的驕傲，也是根本煩惱的重要組成部分。慢心會使我們妄自尊大，蔑視他人，對有才有德者不肯謙下。慢心還會使我們我行我素，造作種種惡業。慢心有以下幾種不同的表現形式：

慢：當他人在能力、學問等方面確實不如自己，或與自己不相上下時，慢心重的人會自高自大，輕視他人。

過慢：當他人不論在哪方面都與自己相等，或確實超過自己時，過慢會使人故步自封，看不到他人的長處。

慢過慢：當他人不論在哪方面都遠勝過自己，慢心會使人歪曲事實，仍然認為自己勝過他人，不能容忍他人應獲得的榮譽和讚歎。

我慢：五蘊和合的生命體，本是沒有我的，但我們由於妄見，總以為其中有「我」的存在。並進一步誇大、抬高自我，處處以自我為中心，覺得人人都該尊重我，都該聽我的指揮和差遣，都該以我的意志為轉移，乃至希望整個世界都圍繞我和我的需要運行。

增上慢：有些人在修行過程中稍微有了一點感應和受益，就誤以為自己證到了什麼果位，自鳴得意，不可一世。因盲修瞎煉而走火入魔的人，基本都屬於這種情況。

卑慢：有些人生性自卑，自甘沉淪，但對他人的長處也不以為然。不管他人有什麼值得學習的地方，為了避免暴露自己的無知，全然不知謙下，不懂得尊重他人，不明白謙虛使人進步。

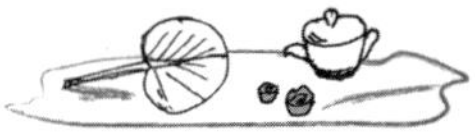

邪慢：有些人並沒有真正的學問和德行，但為了博取世間名利，達到不可告人的目的，通過種種虛假手段宣傳自己，沽名釣譽。

俗話說「謙受益，滿招損」，一個慢心重的人，不論學識還是道德修養都很難長進。因為他看不到自己存在的不足、看不到別人的長處，所以目中無人。對別人的意見不會認真聽取，對別人的學識不會虛心學習，這無疑會阻礙自己的進步。

我們常說的「文人相輕」，也是慢心造成的。大凡有特長的人，我慢總是特別重。一方面覺得自己有我慢的資本，另一方面，整天接受別人的恭敬讚歎，我慢不斷得到滋養，以至產生錯覺，以為自己的確那麼了不起，就是勝人一籌。

慢心也使人與人之間難以和諧相處。一般來說，我慢重的人自尊心總是特別強，時時都希望別人尊重自己，容不得他人的輕視。由於過分看重自己，往往不能以平等心對待他人，不懂得對人表示應有的尊重，甚至隨意傷害他人。然而，人與人之間的關係是相互的。我們想得到別人的尊重，首先得尊重別人，以友好的態度對待別人。倘若做不到這一點，總是有意無意地輕視他人，對方自然也會以同樣的方式回饋於你。同時，自尊心過強的人情感往往很脆弱。在他的眼中，自己有著至高無上的地位，只能適應別人的順從和恭維讚美，一旦受到打擊，精神很容易崩潰。

造業

煩惱不僅是擾亂內心寧靜的因素，還使有情為其所惑，造下種種惡業。

佛法把人的行為分成三種，即善的行為、惡的行為和無記的行為。其中，唯有善與惡兩種行為可構成業力，並招感未來的苦樂果報。那麼，善惡又是以什麼作為判斷標準呢？《成唯識論》的解釋是：「能為此世他世順益，故名為善……能為此世他世違損，故名不善。」由此可見，善惡行為不是以眼前利益判斷的，而是貫穿了現在及未來兩世，以它招感的結果來定義。

一種行為必須對現在和未來都有利益才能稱為善行。比如佛教宣導的布施，就是自利利他並惠及來世的善行。通過布施可以克服自私慳吝，培養慈悲濟世的博大胸懷，是現世樂；通過布施可以為將來招感無盡財富，是未來利益樂；通過布施可以積

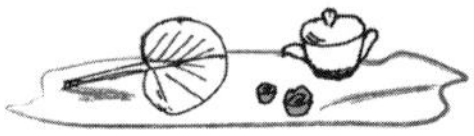

聚成佛資糧，又是法樂。

與此相反，對現在和未來都有損害的行為就屬於惡法。如殺、盜、淫、妄等傷害他人並觸犯法律的行為，如果一意孤行地造作，必然會在生命中結下苦果。不僅現世要受到良心譴責、提防他人報復，及接受法律制裁，更會在未來招受三途諸苦。當報應現前時，不論我們是否願意，都不得不吞下自己親手釀下的苦酒。

善惡業之外，還有無記行。所謂無記，即不能記別此種行為是善是惡。比如渴了喝幾口水、餓了吃兩塊麵包、累了躺下休息片刻，包括正當、有節制的娛樂生活，都屬於無記。此外，果報也屬於無記之列。比如人天的樂果，現世雖然享樂，卻無法為未來帶來利益，所以不能稱為善。而惡趣的苦果，對現世雖有損害，卻不能作用於未來，也不能稱為惡。

《十善業道經》中也談到善惡的區分標準。經中說：「言善法者，謂人天身、聲聞菩提、獨覺菩提、無上菩提，皆依此法以為根本而得成就，是名善法。」這是從結果比知行為的善惡。能成就世、出世間五乘果位的行為是善法。如人天乘的五戒十善，聲聞乘的三十七道品，菩薩乘的六度四攝等，都是善的行為。而能招感惡道苦報的行為，則屬於不善行。

善惡行千差萬別，最基本的不外乎十善行和十惡行。先說十惡行：

一、殺生：以惡心斷除有情命根。具五緣成殺業道：1.故意有殺心；2.殺他有情；3.他有情想；4.作殺加行，具有殺他的一切準備；5.不是誤殺。

二、不與取：也稱偷盜，包括騙取、竊取、強奪、霸佔、吞沒等不與而取的行為。具足五緣成不與取業道：1.故意起盜心；2.對於他物；3.起他物想；4.預先有盜竊的動機準備；5.不是誤取。

三、邪行：又稱邪淫。具足四緣成邪行業道：1.非境，對他人的妻子或父母姐妹行淫；2.非道，於不正道行淫；3.非時，雖是自己的妻室，但在她懷胎、哺乳及齋戒期間行淫，也屬於邪淫；4.非處，在寺院或佛塔邊行淫。

四、虛誑語：又稱妄語，包括自妄語、教他妄語、遣使妄語、書面妄語，或是通過默認、暗示、點頭、手勢等達到欺騙目的，都屬於妄語。具足四緣成虛誑語業道：

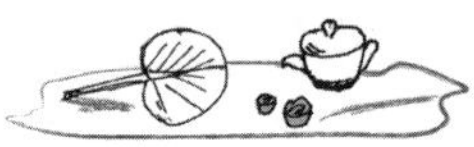

1.以違背事實的言論欺騙別人，如見言不見，不見言見等；2.對方理解你的意思；3.有欺騙心理；4.對方如實接受。

五、離間語：即挑撥離間，也稱兩舌。具足四緣成離間語染：1.歪曲事實，故意挑撥離間他人的關係；2.有心製造矛盾及挑起爭鬥的語言；3.對方理解你所說的內容；4.如實接受。

六、粗惡語：又稱惡口，包括譭謗、攻擊、諷刺、挖苦等尖酸刻薄、傷害他人的語言。具足四緣成粗惡語染：1.有心傷害他人；2.發出非愛語，如各種不文明的語言；3.對方理解；4.如實接受。

七、雜穢語：又稱綺語。具足二緣成雜穢語染：1.有染汙心，出於個人目的而對他人恭維、諂曲；2.所說語言屬於誨淫誨盜，如情歌豔詞、天南地北的閒談，及知見不正的邪論等。

八、貪欲：對於他人的財富、地位、家庭等生起希求，妄想占為己有，屬於貪業道。

九、瞋恚：對於有情因惱恨而起傷害之心，屬於瞋業道。

十、邪見：撥無因果，不信前生後世。如唯物論者的斷見及一般宗教信奉的常見，都屬於愚癡邪見。

與十惡行相反的，便是十善行，即不殺生、不不與取、不邪淫、不虛誑語、不雜穢語、不離間語、不粗惡語、不貪欲、不瞋恚、不邪見。

十善十惡都是依身口意三業造作的。殺生、不殺生，不與取、不不與取，邪淫、不邪淫，屬於身業。虛誑語、不虛誑語，雜穢語、不雜穢語，離間語、不離間語，粗惡語、不粗惡語，屬於口業。貪欲、不貪欲，瞋恚、不瞋恚，邪見、不邪見，屬於意業。

究其本質來說，身業和口業都源於意業，是由意業的煩惱，導致身和口的不善行為。貪心會引起殺生，因為貪著肉食的美味，或是希望從殺生販賣中謀取利潤，或是在打獵圍捕中尋求刺激，從而大造殺業。還有人因為貪著他人的財富，不惜造下謀財害命的極大惡業。

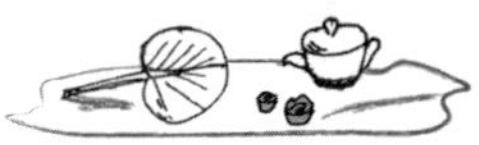

至於國與國之間的戰爭，地區與地區之間的矛盾，貪心也是始作俑者。為了吞併他國的土地，掠奪他國的資源，滿足自己的勃勃野心，幾千年來，世界上大大小小的戰爭此起彼伏，發展至今更以核武器彼此威脅，給人類和平埋下極大隱患。

貪心會引發偷盜。犯罪分子之所以無視法律，不擇手段地盜竊他人財產，正是出於貪心。貪心會引起邪淫，因為彼此貪愛，才會失去理智，發生不正當關係。貪心會引起妄語。人們常說「無商不奸」，是不是商人生來就不誠實？究其根源，無非是貪心驅使，為了牟取暴利，才不惜弄虛作假，欺騙他人。貪心雖然是意業，一旦發作，卻能進一步影響身業和口業。

同樣，瞋心也能導致種種惡業。瞋心會引起殺生。瞋心使人與人之間不能和平相處，因為種種原因發生爭鬥。一個憤怒的人是很難保持理智的，隨著瞋心熾盛，爭鬥會進一步升級，甚至拔刀相見，輕者受傷，重者一命嗚呼。

瞋心會引起偷盜。因為嫉妒別人的富有，就想方設法地明搶暗偷，據為己有。瞋心會引起邪淫。在今天這個充滿暴力的社會，因瞋心帶來的犯罪現象比比皆是，使很多無辜的女性遭受摧殘。瞋心會引起妄語。對於不喜歡或有過衝突的人，我們時常會隱瞞真相，故意欺騙。對生意場上的競爭對手，更不會以誠相待，甚至故意製造騙局讓對方遭受損失。

因果報應，絲毫不爽。只要是我們造作的業力，不論大小輕重，終將招感果報。但由因感果的過程中還取決於緣的助力，即外在條件的推動。只有當因和緣都具足之後，業果才能成熟。所以業力又分為四種：

現報業，現生就要受報的業力；

生報業，來生才會受報的業力；

後報業，來生乃至更多生才受報的業力；

不定報業，尚有轉機的業力，受報時間和報應輕重都沒有完全確定。

在現實中，許多人因為不明白三世因果的道理，常常怨恨上天不長眼睛。其實，果報成熟和種子生長一樣，需要有依附的土壤，需要陽光雨露的滋潤，還需要一定的過程和時間。

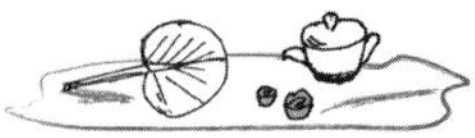

苦果

我們現有的生命形式及處境，是往昔業力所招感的。而我們造作的業力，不論善惡都是有漏的，由此所得的果報也就充滿缺陷和痛苦。

佛經說有情生命中有八苦交煎，即生、老、病、死、愛別離、求不得、怨憎會、五陰熾盛。這些苦或來自心理，如五陰熾盛帶來的種種煩惱；或來自身體，如生老病死；或來自人際關係，如愛別離、求不得諸苦；或來自外境，如因地、水、火、風增盛而引起的自然災害……

佛陀要我們瞭解苦，不是讓我們被動地接受苦，而是要我們瞭解痛苦產生的前因後果，從而離苦得樂。

有的人短命或多病，那是因為過去殺生所致，使動物因你而不得善終，或因你而倍受虐待、生不如死，所以他們在今生會遭受相應的苦果。有的人一生貧困潦倒，處處碰壁，同樣是經商，卻總是不能賺錢，那是因為過去慳貪吝嗇的結果。一個人的富貴取決於福報，而福報又來自布施，有一分耕耘才有一分收穫。倘若前生未能培福，就不能怨天尤人了。有的人相貌醜陋，人見人嫌，那是因為瞋心太重的緣故。世界上最難看的表情，就是人憤怒時那張扭曲的臉。所以經常起瞋心的人，會導致醜陋的果報。有的人人際關係不和諧，那是過去曾種下兩舌的因，以挑撥離間破壞他人的友好關係，所以今生就得不到和諧的環境，得不到他人的真誠相待。有的人配偶不忠，家庭破裂，那是過去生邪淫的結果。有的人地位卑下，受人輕賤，那是我慢太重的結果。

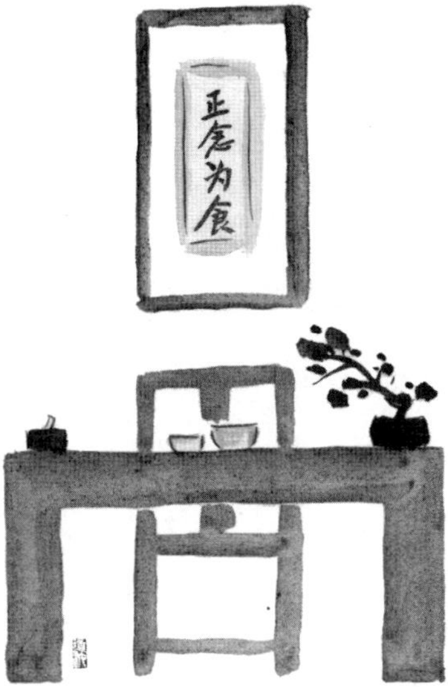

此外還可以舉出很多例子。總之，世間任何現象都有其前因後果，有特定的發展規律。明白了因果法則，我們就要以此為生活指南和行為標準。勿以善小而不為，勿以惡小而為之，這才是對自己，也是對未來生命負責的態度。

二、獲得幸福的方法

什麼是幸福？怎樣才能獲得幸福？對於這個問題，每個人的回答各不相同：有的人以家財萬貫為幸福，有的人以學識淵博為幸福，有的人以身居要職為幸福，有的人以兩情相悅為幸福，有的人以事業有成為幸福，有的人以健康長壽為幸福……

所有這些，就是幸福的全部內容嗎？

如果幸福是這樣，那些擁有億萬資產的富翁們應當感到幸福，可很多人雖有巨額家產和龐大事業，依然無法擺脫痛苦，活得煩惱不堪；那些地位顯赫的政要也應當感到幸福，可處在權力旋渦中的他們，時而不可一世，時而被群起攻之，又何嘗有幸福可言？那些琴瑟和諧的佳偶也應當感到幸福，可天下沒有不散的宴席，無常到來時，至愛的親人終將撒手西歸，各奔前程……

世人追求的這些幸福，在佛法看來都是有漏的。漏是煩惱義，意味著世間所謂的幸福總是蘊含著煩惱。一個擁有事業的人，會被事業佔據整個身心，終日為其操勞；一個身居高位的人，既沒有言行自由，又沒有隨意支配的時間，還要擔心被人算計、失去地位，甚至不得不因此違背自己的良心。我們是否想過，擁有地位和事業的幸福究竟在哪裡？

那麼，如何才能獲得真正的幸福？佛法告訴我們，要做到以下幾個方面。

樹立正確的認識

眾生流轉生死的根源是無明，所以正見才是解脫痛苦之本。我們要解脫生死，獲得幸福，首先要樹立正確的世界觀和人生觀。

什麼是正確的認識？

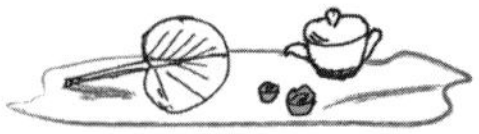

第一、相信因果

「因果」二字大家都很熟悉，但認識並深信因果卻不是容易的事。通常，我們總是將因果簡單理解為「種瓜得瓜，種豆得豆」。可佛法告訴我們：眾生業力不可思議，果報亦不可思議。作為萬物存在的基本規律，因果法則遠非我們以為的那麼機械而單一。

認識因果，首先要相信有善有惡，明確什麼是善的行為，什麼是惡的行為；其次要相信有業有報，即善的行為形成善業，惡的行為形成惡業，所謂「善惡到頭終有報，只爭來早與來遲」；第三，要相信有前生後世，生命是相續不斷的，今生僅是其中一個環節，它還有著無窮的過去和無盡的未來，而因果正是貫穿其中並連接三世的紐帶；最後還要相信有聖有凡，即生命層次有高低之分。生命是能改造的，它既會因為道德淨化而昇華，也會因為煩惱熾盛而墮落。正因為命運具有可塑性，我們付出的努力才有價值。倘若生命不能轉化，生命不會延續，那麼不論流芳千古還是遺臭萬年，究竟有什麼不同？

因果揭示了生命延續的規則。但對於不信因果的人來說，眼前利益是至高無上的，他們不會進一步考慮未來果報。只有在正確認識因果的前提下，我們的眼光才會更長遠，才能通過積極努力來改造命運。

如果我們希望未來生命中擁有財富，現在就應該廣修布施。因為享樂是對福報的消耗，布施才是對福田的耕耘。只有播種才能收穫，同樣，只有布施才能帶來富貴的果報，所以施比受更有福。

假如我們希望長壽，就要珍惜一切眾生的生命，不僅慈悲不殺，還要積極地放生、護生；假如我們希望相貌莊嚴，就要培養忍辱之心，不論冤親都和顏相向；假如我們希望人際關係和諧，就要消除嫉妒，以友好的心態與人相處，對他人的困難主動幫助、對他人的榮譽隨喜讚歎；假如我們希望出身高貴，就要恭敬父母，恭敬師長，恭敬有德之人，同時不輕視地位卑賤的人，對所有人一視同仁。

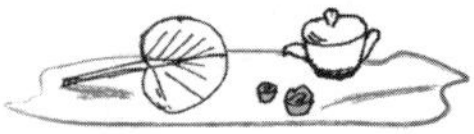

第二、相信無常

眾生正是由於對「常」的執著，才給自己帶來巨大的痛苦。想要解脫煩惱和痛苦，必須正見無常的本質。經曰「諸行無常，是生滅法」，就是告訴我們，一切有為法都不能逃脫生滅變化的規律。

心念是無常的。我們現前的喜怒哀樂，包括任何一種心態，除了內在原因，還要受到客觀條件的影響。尤其是凡夫，總是心隨境轉。當外境發生變化，心態也會隨之變化。就如大海，時而風平浪靜，時而波濤洶湧；如虛空，時而萬裡無雲，時而烏雲密佈。

身體是無常的。從我們擁有這個色身開始，無時不在經受無常的考驗。因為無常，我們才能從父母所給的那點物質長成現在這個色身；因為無常，我們才會從朝氣蓬勃的青年一天天走向衰老；因為無常，我們健壯的色身才會受到疾病威脅，隨時都有病變乃至死亡的可能。因此，佛陀在《四十二章經》中告誡弟子們說：人命只在呼吸之間。

國家和社會是無常的。《三國演義》開宗明義：「話說天下大勢，分久必合，合久必分。」說的就是這個道理。翻開中國古代史，我們可以看到，歷史正是沿著無常的規律發展而來：周末七國紛爭，併入於秦；秦滅之後，楚漢分爭，併入於漢；漢末三國興起，晉朝統一；晉滅之後，南北紛爭，隋唐統一……這些朝代少則幾十年，多則幾百年，但都經歷了興起、延續、滅亡的過程。無常使任何朝代都無法永遠存在，使社會由繁榮走向衰敗，所謂盛極而衰。秦始皇一統天下，但他幻想的千秋大業不過傳了兩代而已。從另一個角度，無常也促進了社會的進步發展，正是因為無常，人類才能從原始社會進入奴隸社會、封建社會、資本主義社會、社會主義社會，乃至像我們希望的那樣，最終進入共產主義社會。

我們孜孜以求的財富也是無常的。許多人喜歡積聚財富，為此想盡辦法，甚至採用不正當的手段斂財。他們不但希望自己受用，還希望傳於後代，使子子孫孫都能享用不盡。殊不知財富同樣受到無常規律的支配。佛經說，財富為五家所有：大水可以沖走財富，大火可以燒毀財富，黑勢力可以搶去財富，官府可以沒收財富。如果這些都沒能使你受損，那麼富貴之家往往會有不肖子孫，他們不懂得錢財來之不易而任意揮霍，將祖先的辛苦積聚迅速敗盡。俗話說「富不過三代」，縱觀歷史，的確很難有家族能保持永遠的富貴。

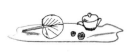

我們所處的世界也是無常的。幾千年來，人類一直竭力發展科技，建設世界，使我們從愚昧落後進化到今天的高度文明。無常使世界進步發達，也使文明最終走向毀滅。因為我們賴以生存的地球要經歷成、住、壞、空的過程，當它趨於毀滅時，文明還能繼續存在嗎？皮之不存，毛將焉附？

第三、相信緣起性空

緣起是佛法的核心思想，貫穿於整個教義。佛教的因果觀之所以不同於宿命論者的機械因果論，也是因為它建立在緣起基礎上，因需要在緣的推動下才會結果。無常也是同樣，因為萬物是眾緣和合的，所以才會處於無常變化中。緣起又是宇宙萬物的發展規律。《中論》曰：「未曾有一法，不從因緣生。」世間萬物既不是神造的，也不是偶然有的，離開因緣就沒有這一切。

緣起主要包括四緣，分別是因緣、增上緣、所緣緣、等無間緣，所謂「四緣生諸法」：

因緣：是事物生起的直接條件。比如我們在土壤中播下一顆種子，這就是親因緣。

增上緣：是推動事物成長的外在條件，比如種子需要土地、水分、人工、陽光等成長條件，這些是增上緣。

所緣緣：即所緣的外境，是心法生起的緣。比如眼識生起要有色境，耳識生起要有聲境，色聲之境就是所緣緣，是心識生起的重要條件。

等無間緣：心念如流水般相似相續，一念接著一念。在心識活動中，不可能同時出現兩個不同的念頭，必須待前念過去後，後念才能隨之生起。而前念就是後念生起的等無間緣。

一切事物無不是緣起的。比如眼前這張桌子，是由鐵釘、木頭、油漆、木工等因緣和合而成。我們的身體是五蘊和合的，其中色蘊為物質，即眼根、耳根、鼻根、舌根、身根，而受想行識則是各種心理活動，並以識蘊為精神主體。精神活動同樣需要眾多因緣的成就，如眼識的生起要具足九緣，即光線、空間、色境、注意、種子、俱有依（根身）、分別依（意識）、染淨依（末那識）、根本依（阿賴耶識）。只有這九緣都具備，眼識才能生起。

由此可以瞭解：小到心識的生起，大到整個宇宙，都是眾緣和合而成的。佛陀讓我們用緣起法觀察世界，是要求我們透過緣起現象通達空性。在三論宗的根本論典《中論》裡，有這樣一個偈頌：「眾因緣生法，我說即是無，亦為是假名，亦是中道義。」

為什麼因緣所生法是空的？是因為它沒有自性。所謂自性，即不由因緣、固定不變的自體。比如前面說的桌子，是由人工、木材和鐵釘等條件組成。離開這些條件，桌子是什麼？而其中的木材，也是地水火風等元素的組合。離開這些元素，木材是什麼？人是五蘊的假合，離開五蘊，人又是什麼？

由此可見，緣起法沒有固定不變的實質，緣起的當下就是性空。但我們還要認識到，性空並不否定現象。我們不僅要認識到事物的本性是空，也要認識到假象宛然，這才是符合中道的認識。

在般若經典中，處處要求我們以中觀思想去觀察一切。《心經》曰：「觀自在菩薩，行深般若波羅蜜多時，照見五蘊皆空，度一切苦厄。舍利子！色不異空，空不異色，色即是空，空即是色。」

這段經文主要告訴我們：緣起與性空不二。這也是佛菩薩以智慧對宇宙人生所作的透視。「色即是空，空即是色」，是說緣起有與自性空為一體。很多人對佛法所說的「空」認識不足，或以為空在色外，或以為色滅才空，因而對空產生種種誤解。事實上，佛法所說的「空」是建立在緣起有的當下，不可以離開緣起有去尋找另外的空性。「度一切苦厄」，是說我們只有認識到這個道理，才能度脫種種煩惱。

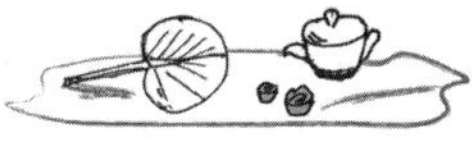

不住於相

眾生因為住於虛妄相而起煩惱，並由此造業，導致種種痛苦。如果想要從中解脫，必須斷除對一切假象的執著。如何才能做到這一點呢？

首先要以智慧透視一切，認識到因果和無常的規律，認識到空性了不可得。只有洞悉事物真相，我們才不會被它的假象所迷惑，從而避免貪瞋癡，避免由執著帶來的痛苦。

在我們熟悉的《金剛經》中，須菩提請教佛陀：「善男子善女人，發阿耨多羅三藐三菩提心，應云何住？云何降伏其心？」整部《金剛經》都在回答這兩個問題。應云何住，即修行者的心應該如何安住；云何降伏其心，即通過什麼方法來降伏我們的心。

佛陀對這個問題的回答是——「無住生心」。無住，就是不住於相。

菩薩在修布施時要不住於相：「應無所住行於布施，所謂不住色布施，不住聲香味觸法布施。」否則會如何呢？「若菩薩心住於法而行布施，如人入暗則無所見。若菩薩心不住法而行布施，如人有目，日光明照，見種種色。」不住相布施，就是在修布施時觀三輪體空，不住於能施的我相、受施的他相及所施的物相。如果在布施時心有所住，則布施有限，功德也有限；布施時心無所住，則布施無限，功德也像虛空般不可思量。

菩薩在度眾生時也要不住於相。「所有一切眾生之類，若卵生，若胎生，若濕生，若化生；若有色，若無色；若有想，若無想，若非有想非無想，我皆令入無餘涅槃而滅度之。如是滅度無量無數無邊眾生，實無眾生得滅度者。何以故？若菩薩有我相、人相、眾生相、壽者相，即非菩薩。」菩薩廣度一切眾生，卻不可住於度生相，不可有能度的我相、所度的眾生相。如果菩薩在度生時有我相、眾生相，就沒資格稱為菩薩。

在學佛過程中也要不住於相。「何以故？是諸眾生若心取相，則為著我、人、眾生、壽者；若取法相，即著我、人、眾生、壽者；若取非法相，即著我、人、眾生、壽者。是故不應取法，不應取非法。以是義故，如來常說：汝等比丘，知我說法，如筏喻者。法尚應捨，何況非法？」通常，人們在學佛前會住於世間相，學佛後又會執著佛法。其實只要是住相，一樣會成為修道的障礙。就像落在眼中的金子與沙子，對眼睛會構成同樣的危害。所以學佛既不能住於世間相，也不能住於佛法。

在修證過程中，同樣要不住於相。須陀洹沒有得須陀洹果的相，斯陀含沒有得斯陀含果的相，阿那含沒有得阿那含果的相，阿羅漢也沒有證悟阿羅漢果的相。如果阿羅漢認為我得阿羅漢果，就是有我、人、眾生、壽者相。《金剛經》說：「須菩提！我於阿耨多羅三藐三菩提，乃至無有少法可得。」須陀洹等四種果位是聲聞行者的修證目標，阿耨多羅三藐三菩提是無上佛果。三乘行者在修證過程中，以般若智慧證諸法實相，能所雙亡，無智無得。如果取相妄生分別，早就和真理不相應了。

《金剛經》中處處都在提醒我們不住於相。「凡所有相，皆是虛妄」「離一切諸相，即名諸佛」「實相者即是非相」「於一切法應如是知，如是見，如是信解，不生法相」「若以色見我，以音聲求我，是人行邪道，不能見如來」……要證悟實相，必須以般若觀照一切：「如來身相者，即非身相」「莊嚴佛土者，即非莊嚴，是名莊嚴」「如來說三十二相，即是非相，是名三十二相」「所言眾生者，即非眾生，是名眾生」……從而達到無住生心的效果。

禪宗傳至五祖，開始以《金剛經》作為修證指南。其後，六祖也是因為聽聞「應無所住而生其心」大徹大悟。他的得法偈「菩提本無樹，明鏡亦非台，本來無一物，何處惹塵埃」，正體現了般若無相的道理。六祖的《壇經》，也是以無住的修行教授後學。對於煩惱與菩提的區別，祖曰：「前念著境即煩惱，後念離境即菩提。」煩惱與菩提僅在著境與離境的一念之差，住相就是煩惱，不住相則是菩提。

對於見性成佛，祖曰：「世人有八萬四千塵勞，若無塵勞，智慧常現，不離自性。悟此法者，即是無念，無憶無著，不起誑妄。用自真如性，以智慧觀照，於一切法不取不捨，即是見性成佛道。」又說：「若開悟頓教，不執外修，但於自心常起正見，煩惱塵勞常不能染，即是見性。」佛性每個人本自具足，只因煩惱塵勞不得顯現，倘若不住於相，佛性便能顯現。

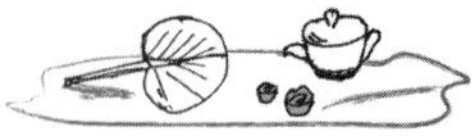

對於佛法修證，六祖同樣以無住生心概括了禪宗的三大要領：「我此法門從上以來，先立無念為宗，無相為體，無住為本。」無念者，對一切境界心不染著，是為無念；無相者，實相無相，行者要能離一切相，不取一切相，才能證悟清淨法性；無住者，在念念中不思前境，在諸法上念念不住，心不住境，是為無住。

在具體修行方法上，禪宗也體現出與其他宗派的差異。參禪打坐向來都強調坐姿，而六祖卻呵斥坐相，《壇經》曰：「道須通流，何以卻滯；心不住法，道即通流；心若住法，名為自縛。若言常坐不動是，只如舍利弗宴坐林中卻被維摩詰訶。善知識，又有人教坐，看心觀靜，不動不起，從此置功。迷人不會，便執成顛，如此者眾。如是相教，故知大錯。」道是由無住生心才能證悟，如果執著坐相，勢必不能證悟大道，所謂「生來坐不臥，死去臥不坐，一具臭骨頭，何為立功課」。

六祖門下的南嶽懷讓也對一味枯坐不以為然。馬祖道一在南嶽坐禪，懷讓禪師知道他是法器，便前去相問：「大德坐禪圖什麼？」道一說：「圖作佛。」懷讓就拿磚在他面前磨，道一詫異：「磨作什麼？」懷讓說：「磨作鏡。」道一不解：「磨磚豈能成鏡？」懷讓說：「磨磚不能作鏡，坐禪又豈能成佛？」道一又問：「那應該怎麼辦？」懷讓說：「如牛駕車，假如車不駛，應該打車還是打牛？同樣，你希望通過坐禪成佛，可是禪非坐臥，佛無定相，於無住法，不應取捨。如果執於坐相，不僅不能通達禪，且永遠都不能成佛。」

參禪修道時更不能心有所住。禪宗興起之前，教界流行的小乘禪觀都是繫心於境，而禪宗認為坐禪要心無所住。《壇經》說：「此門坐禪，元不著心，亦不著淨，亦不是不動。」如果著心，可心本是虛妄的，知道心的幻化，有什麼好著呢？倘若著淨，菩提自性本來清淨，只因妄想覆蓋真如，才顯得不清淨。如果執著淨相，本身就是一種妄想。

六祖接引懷讓禪師時，懷讓禮祖，六祖問：「何處來？」懷讓曰：「嵩山。」祖問：「什麼物，恁麼來？」懷讓曰：「說似一物即不中。」六祖問：「還可修證否？」懷讓曰：「修證即不無，染汙即不得。」六祖說：「就是這個不染汙的東西，諸佛之所護念。汝即如是，我也如是。」這個公案說明，修道要保有一顆不染汙的

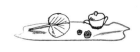

心，不住於任何相。

禪師之間也相互檢驗彼此是否住相。趙州遊天臺，路遇寒山，見道邊有牛腳印，寒山說：「你看到牛了嗎？」趙州說：「不識。」寒山指著牛腳跡說：「這是五百羅漢遊山留下的。」趙州說：「既然是羅漢，怎會留下牛腳跡呢？」寒山說：「蒼天蒼天。」趙州呵呵大笑，寒山問：「你笑什麼？」趙州說：「蒼天蒼天。」如果從常人眼光去看，這段對話似乎不近人情，可它顯示了道人與常人之不同。常人著相，牛腳跡是牛腳跡，羅漢腳跡是羅漢腳跡，而禪者處處以本分事相見。在法性上，牛腳跡就是羅漢腳跡，羅漢腳跡就是牛腳跡。

生活中，禪者們同樣不取不捨，不住於相。慧休禪師三十年著一雙鞋；大梅法常禪師不吃鋤下之菜；左溪玄朗常行頭陀，居住石岩間，一件袈裟穿了四十多年；通慧禪師入太白山，不帶糧草，居於樹下，餓食樹果，渴飲泉水，布衲終身不換；智則禪師性格不羈，屋內除了床單、瓦缽、木匙外一無所有，房門從不關閉……

禪者的修道就落實在簡樸的生活中，落實在平凡的日常作務中，從吃飯、穿衣中體會道，從採茶、砍柴中體會道。他們將物欲降低到最低限度，卻從修行中獲得了無限的法喜。當你請教禪師們如何修道時，他會告訴你：吃飯、睡覺、喝茶……但禪者的吃飯、穿衣不同於我們。凡人吃飯不好好吃，挑挑揀揀；睡覺不好好睡，百般思量、輾轉反側。而禪者吃不住吃相，穿不住穿相，處處隨緣，處處自在。

不住於相才能解脫生命的痛苦。《心經》告訴我們：要用般若智觀照一切，認識到萬物了不可得，就能心無掛礙，無掛礙就無恐怖，從而遠離顛倒夢想，究竟涅槃。涅槃是煩惱的徹底息滅，只有證悟涅槃，生命才能真正解脫。

息滅妄想

很多人把痛苦歸於客觀環境，如身體欠安、生活清貧、世道不公等。其實這些只是造成痛苦的外因，而它的真正根源是來自於心。我們內心充滿種種妄想，即前面所說的錯誤觀念、迷信、執著、貪瞋邪見等。正是這些妄想使內心失去平靜，使我們陷入永無止境的追逐，尋求各種刺激，甚至胡作非為。要解脫痛苦，必須息滅妄想。

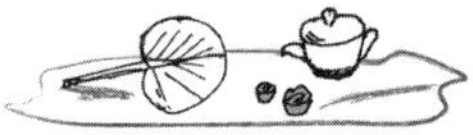

如何才能息滅妄想？經常聽很多初學禪修的人說：打坐時妄想太多，靜不下來，有什麼辦法可以對治？辦法當然有，但我們必須先考察一下：為什麼會出現這些妄想？心念是相續的，如果想在坐禪時心無旁騖，生活中就要時刻注意用心。打坐時出現得最頻繁、最強烈的妄想，必定是我們平時最執著的。想要禪修得力，生活中就要心無所住，對一切境界如雁過長空，風吹竹葉，不留痕跡。心清淨了，打坐時自然不會妄想聯翩。

念佛也能息滅妄想。人們往往將念佛誤以為老婆婆專修的法門，或以為念佛是在求佛。有個故事，一位老婆婆整天念佛，小孫子聽得很厭煩，於是就「奶奶，奶奶」地叫個不停。老婆婆嫌吵：沒完沒了地叫什麼？孫子說：「我叫了幾聲你就煩，可你總是不停地念佛，佛難道就不煩嗎？」故事中小孫子的看法，代表了許多人對念佛的誤解。事實上，念佛是為了調御心態，息滅妄想，所謂「清珠投於濁水，濁水不得不清；佛號注入妄心，妄心不得不佛」。正如《大勢至菩薩圓通章》所說：「都攝六根，淨念相繼，得三摩地，斯為第一。」可見，念佛也是對治妄想的良方。

止觀能息滅妄想。止，梵語奢摩他，意為止息散亂，制心一處；觀，梵語毗缽舍那，是對外境起觀照。止觀有小乘止觀與大乘止觀之分。小乘止觀是從六根門頭攝一而入，繫緣而修。如修數息觀是專注呼吸，知息出入，知息長短，知息冷暖，知息粗細。把心專注在呼吸上，心息相依，由粗而細，由細而無，從而息滅妄想。大乘止觀則是在發菩提心的基礎上，依大乘見地完成空性禪修。

觀心能息滅妄想。心如流水般念念相續，平常人缺乏觀照，總是隨著念頭東奔西跑。觀心就是要認識到心念的虛妄。心究竟是什麼？無非是由一系列經驗和概念組成，所以《金剛經》告訴我們：「過去心不可得，現在心不可得，未來心不可得。」這是從時間上透視心念的本質。過去心不可得，是說過去已然過去，不必陷入追憶；未來心不可得，是說未來尚未到來，不必隨著它跑。在前念過去而後念未生之際，保持中間這段清明的心，所謂「生滅滅已，寂滅現前」。《楞嚴經》說：「狂心頓歇，歇即菩提。」臨濟禪師說：「沿流不止問如何，真照無邊說似他，離相離名人不稟，吹毛用了急須磨。」這都是教導我們從觀心中認識真心。

參話頭能息滅妄想。這是禪宗修行的重要方法之一，話頭通常有「念佛是誰？」「父母未生前本來面目是什麼？」「無夢無想時主人是誰？」「一念未生前是什麼？」等。參話頭不可對話頭下注解，不可以推理，不可以等開悟，不可以扔掉話頭求靜，不要給自己講道理，外界動靜一概不管，一路追問下去。黃龍禪師對參話頭有個比喻：「如靈貓捕鼠，目睛不瞬，諸根順向，首尾一直。」參話頭重在一個「疑」字，祖師云：「大疑大悟，小疑小悟，不疑不悟。」要把自己全部身心凝聚在話頭上，如活死人一般，不達到這個程度不算上路。當話頭參到得力時，專注一念，心無旁鶩，妄想自然無從生起。

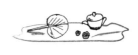

妄想是痛苦的根源，要在根本上斷除痛苦，就要從息滅妄想著手。當妄想得到有效控制，我們就不會被它所轉，從而擁有平靜的心；我們就不會被妄想分散精力，從而專心做事，提高學習和工作的效率；我們就不會被妄想干擾，從而制心一處，提高定力；我們就不會被妄想遮蔽佛性，從而使真心得以顯現，智慧得以開發。所以說，息滅妄想的重要性不容忽視。

認識自己

科技的進步使人類能在宏觀上認識其他星球，遨遊太空之中；能在微觀上直探物質構造，發現基因祕密。遺憾的是，這一切卻不能使人類進一步認識自己。

如果我們不能對自己有清醒的認識，就不能把握心念，不能在煩惱生起的當下觀照、斷除它。如果我們想從痛苦中解脫，首先得認識自己。如何才能認識自己？祖師告訴我們，直下承擔就是認識自己。在我們的生命現象中，身體不是自己的，只是四大的假合；思惟不是自己的，只是概念的延續。除了這些物質和精神，「我」是什麼？

當年，佛陀在菩提樹下成道時發現：奇哉！奇哉！一切眾生皆有如來智慧德相，只因妄想執著不能證得。在我們的內心，除了妄想執著，還有清淨的如來智慧德相。所謂直下承當，就是要認識到自己本來具足的佛性。

大珠慧海禪師參拜馬祖。祖問：「來這裡幹什麼？」慧海禪師曰：「來求佛

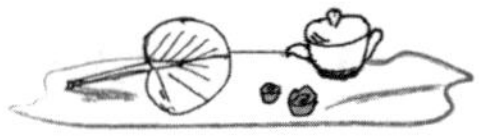

法。」祖曰：「我這裡一物也無，求什麼佛法？自家寶藏拋棄不顧，到處亂跑做什麼？」慧海禪師問：「哪個是我的寶藏呢？」祖曰：「現在問我的就是你的寶藏，一切具足，更無欠少，使用自在，為什麼還要到外面去求呢？」慧海禪師在馬祖的開示下，當下認識到自己。後來有人問慧海禪師：「如何是佛？」他回答說：「清潭對面，非佛而誰？」又如靈訓禪師參歸宗，靈訓問：「如何是佛？」歸宗禪師說：「我告訴你，恐怕不相信。」靈訓說：「大和尚的開示，我豈敢不信？」歸宗禪師說：「你就是。」如何是佛？其實就是每個人真正的生命，就是我們的佛性。

佛性雖然不是我們見聞覺知的妄識，但也沒離開見聞覺知。雲門禪師說：「即此見聞非見聞，無餘聲色可呈君。個中若了全無事，體用何妨分不分。」認識自己，要從能見能聞的作用中直下承當，但不可住於見聞之相。

不落於思惟是認識自己。思惟往往是名言概念的延續，是前塵影事的重現。一旦落於思惟分別，住於是非得失的糾纏中，我們就會迷失本性。臨濟禪師上堂開示道：「赤肉團上有一無位真人，常從汝等面門出入，未證者看看。」時有僧相問：「如何是無位真人？」師下禪床一把抓住他說：「道，道！」這位僧人想了一下，師便放開手說：「無位真人是甚麼乾屎橛。」又如六祖接引惠明的公案。六祖從五祖處得了衣缽後一路南行，惠明從後面追上。六祖將衣缽放在石上，惠明拿不動，於是說：「我為法來，不為衣來。」六祖說：「汝既為法來，可放下萬緣，不要有任何念頭。」又說：「不思善，不思惡，正與麼時，哪個是明上座本來面目？」惠明當下認識到自己。這兩則公案都告訴我們，只有離開通常的思惟分別，才能認識自己。

明心見性是認識自己，要從心性中去認識。心指我們現前的心念，是虛妄不實、生滅變化的。但透過生滅變化的表相，還有不生不滅的心體。明心見性，就是要我們明瞭心的虛妄，不被它的變化所迷惑，從中見到自己的清淨心性和真正生命。

六祖在五祖門下悟道時說：「一切萬法，不離自性。何期自性，本自清淨；何期自性，本不生滅；何期自性，本自具足；何期自性，本無動搖；何期自性，能生萬法。」五祖知六祖已經悟到本性，繼續為他開示：不識本心，學佛法是沒有什麼利益的。如果認識到本心，就會成為大丈夫、天人師、佛。

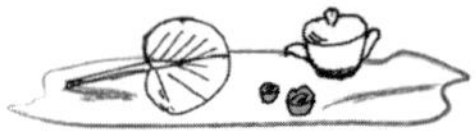

無始以來，眾生因為不認識自己，於是認賊為子，隨著妄想分別沉淪六道。如果我們認識自己的本地風光，就能息滅煩惱妄想，不被外境的遷流變化牽引。從而開發本具的智慧潛能，在根本上把握命運，完善人格，如是方能得大自在。

9

心靈環保

環保是當今世界的熱門話題，也是社會的潮流所向。在這個物質文明飛速發展的時代，地球正經受著前所未有的破壞，我們的生活環境日復一日地遭到汙染。在城市生活的人感覺尤其明顯。曾幾何時，純淨的藍天已成為難得一見的風景；新鮮的空氣已成為堪稱奢侈的享受。水是生命之源，但我們能夠喝到的是什麼？清潔的水源似乎只有電視廣告中才得以一見。我們的生活被鋼筋水泥包圍著，被喧鬧嘈雜包圍著，被工業廢氣包圍著。汙染造成了整個生態環境的破壞，孕育過中華文明的黃河之水已近於枯竭，而長江沿岸的水土流失則使得特大水災頻頻發生。面對大自然的懲罰，如果我們還不能反省、不能檢點行為，終有一天，這個地球會不再為我們提供安身立命的庇護。

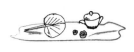

這一切和一味強調經濟發展是分不開的。在今天這個社會，利潤最大化原則幾乎左右了所有人的生活觀念。而從更深層的意義上看，它所造成的不僅是有形的汙染，所破壞的也不僅是人類賴以生存的環境，更在不知不覺中逐步侵蝕著我們的心靈。今天，人類的物質條件比以往任何時代都要富足，我們有了現代化的生活，有了形形色色的享樂，但我們夢寐以求的幸福並沒有如期而至。事實上，現代人所面臨的煩惱和痛苦絲毫沒有減少。

問題的根源在哪裡？隨著物質文明的進步，我們的思想境界並沒有得到相應的提高。相反，在物欲的慫恿下，我們的貪、瞋、癡正在隨之增長，我們所造下的殺、盜、淫、妄諸業也在隨之增長。我們以為自己在追求、在收穫，卻從來沒有想到，這種「危身棄生以殉物」的人生，究竟能給我們帶來什麼？

如果說生態保護是現今社會的當務之急，那麼心靈環保的提倡也有著同樣迫切的需要。因為正確的人生觀和世界觀，不僅直接影響到我們的人生幸福，更直接或間接地影響到生態環境的平衡，影響到整個社會的健康發展。

如何才能保護好我們內在的心靈？下面，我從三個方面展開論述。

一、心的名稱及分類

首先，要向大家簡單介紹一下心的名稱和分類。在佛教裡，關於心的闡述有心、

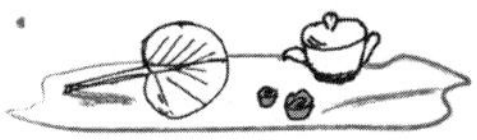

意、識和心王、心所這幾個概念。

心、意、識

通常，我們所說的心就是指我們的肉團心，而佛教對心賦予的內涵是「積集義」，也就是能夠積累種種經驗。在有情無盡的生死過程中，我們所有的生命經驗，以及曾經發生過的一切，都儲存在我們的內心，由心來聚集並保存。它像是一個容量無限大的倉庫，正如雨果所說：「世界上最廣闊的是海洋，比海洋更廣闊的是天空，比天空更廣闊的是心靈。」

第二個概念是意，意為思量義，即能夠思惟的特徵。思惟有時需要借助外在環境，有時不需要借助外在環境。因為在我們的內心儲存著許多思惟素材，那就是無始以來積累的經驗。即使我們閉上眼睛，思惟照樣可以進行，照樣能夠陷入遐想之中，這就是意所具有的功能。

第三個概念是識，識為了別義。當六識面對色、聲、香、味、觸、法的六塵境界時，我們能夠對所接觸的物件進行分別和判斷，能夠區別高下、善惡、美醜，這就是識所產生的作用。

八識

A．五識：心、意、識是佛教賦予心的三個概念。在唯識宗裡，又將心分為八識，其中，我們能夠明顯感覺到的是前五識：即眼識、耳識、鼻識、舌識和身識。但五識的認識能力非常有限，唯識宗稱之為現量。什麼是現量呢？相當於哲學所說的直覺，它不介入思惟，因而所緣的境界必須是當前的。換句話說，前五識必須在一定條件下才能發生作用，必須在眼睛看到物體的當下，耳朵聽到聲音的當下，鼻子聞到氣味的當下，舌頭嘗到味道的當下，身體接觸環境的當下。當境界沒有出現在眼前時，眼識不會產生作用；當聲音沒有抵達耳朵時，耳識不會產生作用；當氣味沒有傳到鼻子時，鼻識不會產生作用；當味道沒有經過舌頭時，舌識不會產生作用；當環境沒有和我們發生關係時，身識不會產生作用。

所以說，眼、耳、鼻、舌、身是幫助我們獲得感覺的五個器官，也是讓我們認識世界的五個不可或缺的重要儀器。再高明的科學家也要借助儀器才能觀察星空、探測石油，同樣的道理，我們對世界的認識也要借助於五識的幫助。對盲人而言，絢麗繽紛的色彩世界是不存在的；對聾人而言，豐富多彩的音聲世界也是不存在的。對那些雖有眼根、耳根，但功能比較差的近視眼、老花眼或聽力障礙者，器官的遲鈍也會影響他們對世界的認識。而對那些通過修行獲得天眼通、天耳通的人來說，經過特殊訓練的儀器又比常人高明許多。

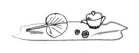

常人的眼睛叫做肉眼，所能認識的範圍極其有限，只能看到光明而看不到黑暗；只能看到近處而看不到遠處。在一部名為《超視覺世界》的影片中，所展現的世界都是我們肉眼無法看到的。我們的眼識如此，耳識、鼻識、舌識和身識也同樣如此。由此我們可以瞭解到，五識所能認識的世界非常狹窄。所以，我們不應該過分地依賴它們，覺得能夠看到的才存在，而無法看到的就不存在；能夠聽到的才存在，無法聽到的就不存在。這樣的認識本身就是錯誤的，如果我們將其作為衡量是非的唯一標準，無異於一葉蔽目。

B．意識：五識以外，是第六意識。當我們看到一個茶杯並覺得它是茶杯時，已不單純是眼識在產生作用，而是進入了意識的範疇；當我們覺得一個茶杯好或不好時，也是意識在進行判斷。眼識對境界的認識，在時間上來說，只能認識現在的境界；在空間上來說，只能認識眼前的境界，而且它是不帶名言的。所以佛教裡稱眼識為現量，為「現量緣境」。

我們現在所能夠感覺到的一切思惟活動，基本都屬於意識的作用。意識除現量以外，還有比量和非量，也就是我們通常所說的判斷、推理。當然，我們的判斷有正確和錯誤之分，正確的判斷為比量，錯誤的判斷為非量。

人生觀和世界觀的形成，也是取決於第六意識的作用。而我們學佛修行，就是要對這個世界進行重新的認識和思考。前面說過，我們現有的許多認識都不完整，是依我們有限的經驗得來的。那麼由此產生的人生觀和世界觀，無疑會有許多偏差乃至根本錯誤。所以我們要通過聞思經教，以正確的方法對世界進行觀察、認識和分析。在

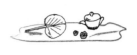

唯識宗的修行裡，有四種如實智，只有經過如理思惟之後，我們才能對世界達成真實的認識，才有可能進一步樹立正確的人生觀。

因此佛法的修行應該從分別而不是無分別入手。很多人學佛之初看了兩個禪宗公案，就要無分別。但如果我們開始就不分別的話，只能永遠生活在錯誤觀念中，當我們連是非都尚未辨別清楚時，所謂的修行只能是南轅北轍。所以先要分別，在對世界有了正確認識後，再進一步修止、修觀，方能成就無分別智。當我們修觀感到困難時，還要從觀裡面出來，再做進一步的分別，使我們所認識的境界得到確認。

意識除了具有認識的作用，還能支配我們的行為，無論是造善業或惡業，主要也是在它的指使下進行。所以整個修行過程都是建立在意識的基礎上。如果說錯誤的分別是貪、瞋、癡產生的根源，那麼正確的分別就是開發智慧的基礎。

C．末那識：前五識和第六意識，都是我們能夠感覺到的心理活動，屬於意識的範疇。而第七識和第八識則屬於潛意識的範疇。所謂潛意識，也就是我們感覺不到它的活動。雖然我們感覺不到它的存在，其作用卻不可低估，事實上，它直接影響著意識的活動。

第七識在佛教裡叫做末那識，末那是梵語，為染汙義。它的特點是「恆審思量我相隨」，也就是說，它時時刻刻圍繞著自我運轉。在我們每天的生活中，想到最多的是什麼呢？無非就是自我，正如俗話所說：「人不為己，天誅地滅。」我們做任何事情時，總是自覺或不自覺地從自我出發並以自我為中心，之所以會有這樣的現象，就是末那識的作用。末那識的現行有我癡、我見、我愛、我慢四煩惱與它恆常相應，這四煩惱是致使末那識產生強烈自我的根源所在。在它們的作用下，我們整個身心都被強烈的我執所包圍。無論我們做的是什麼，是好事或壞事，都不會忘記這個自我，都不會忘記去著相，這就使得我們的所作所為或多或少地帶著功利的色彩。

D．阿賴耶識：第八識在佛教裡叫做阿賴耶識，它是我們生命的寶藏，是一切身心活動產生的根源。唯識宗認為，阿賴耶識裡儲藏著我們無始以來的生命經驗。這些經驗也叫種子，我們曾經做過的每件事，曾經說過的每句話，都會在生命中播下相應的種子；甚至我們的起心動念，每一次貪心，每一次瞋恨心，每一次慈悲心的產生，

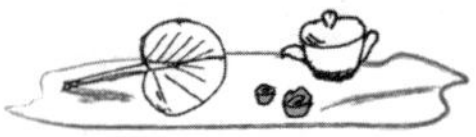

也都會形成不同的種子。正因為阿賴耶識忠實地保存著我們的生命經驗，所以我們無始以來做過的一切才會功不唐捐。

阿賴耶識既是生命經驗的儲藏室，同時也是輪迴的主體。眾生無始以來在六道流轉生死，沉浮不定，從天上到人間、到地獄，雖然每一期的色身在不斷消亡，不斷轉換成新的軀殼、新的生命形式，但阿賴耶識始終貫穿其間。佛教不講靈魂，而以阿賴耶識作為輪迴的主體。有人可能會不解：阿賴耶識和靈魂有什麼區別呢？我們要知道，靈魂是固定不變的實體，而阿賴耶識則剎那生滅，相似相續，時刻隨著我們的所作所為而變化。當我們行善的時候，是在阿賴耶識裡播下善的種子，生命中善的力量就隨之增長；當我們作惡的時候，是在阿賴耶識裡播下惡的種子，生命中惡的力量也隨之加強。阿賴耶識雖有相對的穩定性，但又是變化的，具有很強的可塑性。

在佛教中，往往將阿賴耶識比喻為流水，因為它具有流水般相似相續而不常不斷的特徵。這一理論既不同於唯物論者的斷滅說，也不同於一神教的永恆說。唯物論者認為精神是物質的產物，形散則神滅；而基督教等一神教，又將靈魂當作固定不變的實體，得到救贖的靈魂可以在天堂享有永生，罪惡的靈魂則永遠在地獄承受煎熬。從佛法的觀點來看，生命雖然有不同的存在形式，有六道和四聖的差別，在十法界中，有生命層次最高的佛，有我們這些凡夫眾生，還有地獄、餓鬼、畜生等惡道眾生，即使就人與人來說，生命素質也存在高低的不同。但生命素質不是固定的，而是取決於我們的行為和觀念，取決於我們對它的塑造。所以說，阿賴耶識作為生命的主體，和靈魂又有著本質的區別。當然從某種角度而言，它與靈魂也有一些相似之處，可以使我們認識輪迴的問題。如果像中觀宗所講：「無我無作無受者，善惡之業亦不亡」——沒有我，沒有造業的人，沒有受報的人，但因果業報也不會消失。對於一般人來說就比較深奧，不容易認識清楚，更難以理解透徹。

心所

前面所說的八識是心王，也就是心的主體。此外還有心所，它輔助心王認識境界。任何一種心理活動的產生，必然有心所與之相應，才能完成心的認識作用。唯識

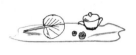

宗常以這樣的比喻來說明：心王如師做模型，心所如徒弟在模型上塗抹顏色。由心所的現行，才能完成心王的認識。

心理活動大致可分為幾種類型：首先是普通的心理，如心理學所說的注意、感覺、表象、意志等等。每當我們的精神活動產生時，這五種心理都會隨之生起，在佛教裡稱為五種遍行心所。還有五種心理活動是在特定環境之下產生的，唯識宗稱為別境心所。此外還有關於止觀的實踐心理，也就是在修習禪定的過程中出現的種種心理狀態。

佛教對心理現象進行分析研究，目的是為了指導我們的修行，而修行的根本就是止惡行善，所以佛教又談到善的心理和煩惱的心理，也就是道德和罪惡的心理。什麼是道德的心理和罪惡的心理呢？概括來講，人類一切的罪惡，無非是由貪、瞋、癡所產生；而它們所對應的無貪、無瞋、無癡，則屬於道德的心理。當我們的心王在活動時，會與不同的心理相應，進而產生不同的行為。當我們的心與貪、瞋、癡煩惱相應時，就會在它們的驅使下做出不道德的行為；當我們的心與善念相應時，我們的所作所為也必然符合道德的規範。

我們談到，經濟發展在造成環境汙染的同時也影響我們的心靈健康。事實上，外在的環境，外在的色、聲、香、味、觸、法，僅僅是染汙我們心靈的增上緣，並不是最根本的原因。不是說錢財就一定會使人變得骯髒，也不是說地位就一定會使人變得汙濁。如果一個人面對財富和地位能夠不起絲毫貪心，能夠做到「不以物害己，不以物挫志」，金錢、地位能不能染汙他？我們在生活中可以發現一些例子，在同樣的環境中，不同的人會有不同的表現。同樣是面對他人的誹謗，有的人會火冒三丈，那一刻，他的心就被逆境染汙了；而有的人則能泰然處之，他的心不會隨環境所轉。同樣是事業有成，有的人會傲慢不可一世，那一刻，他的心就被自己的成就染汙了；而有的人則謙卑依舊，不會因此而自以為是。由此我們可以認識到，真正能對我們產生不良影響的並非外在環境，而是內心深處的貪、瞋、癡煩惱。

佛教將貪、瞋、癡、慢、疑稱為根本煩惱，此外還有隨煩惱二十種。沒有學佛的人，往往會把貪、瞋、癡當作自己生命的主人，心甘情願地受其驅使。貪心現起的時候，無論所貪的是人還是物，一顆心就黏在上面怎麼也放不下，就迷失在其中不得安寧，於是不擇手段地追求再追求，似乎人生唯一的目標就是在佔有的過程中。瞋心現起時也是同樣地執著，同樣地鍥而不捨。我們為了滿足這些貪、瞋、癡煩惱，不惜用自己的生命去交換、將自己的主權拱手相讓。

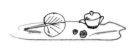

所以，我們必須對自己的心有基本的認識，瞭解可能出現的種種心理狀態，才能有針對性地棄惡揚善。我們要能夠認清其中擾亂我們內心的力量，從而對它們生起警惕，防範它們的進攻，就像防範我們的冤家仇敵。當然，僅僅防範不夠，還要進一步對治、剷除根源，只有做到這一點，才能使我們的心從煩惱束縛中解脫出來，保有清淨祥和的狀態。

二、心的特徵

我們的心究竟具備哪些特徵？面對紛擾的世間，我們常常會發出「人心難測」的感慨。其實，不要說我們沒有能力去揣度他人的心，即使是面對自己的心，我們又有幾分真實的瞭解？又有幾分確切的把握？我們常在突如其來的情緒面前束手無策、心亂如麻，這正是因為我們對心的特徵缺乏認識。

緣起性

佛法認為心是緣起的，也就是說，每一種心理活動的產生都是由於因緣的聚合。我們的眼識需要有光線、距離、感官等九個條件才能產生作用，耳識需要八個條件才能產生作用，鼻識、舌識、身識分別需要七個條件，意識需要五個條件，第七識、第八識則需要四個條件。同樣的道理，任何心理活動的產生，無論是瞋恨心還是慈悲心，無論是道德還是罪惡的心理，也都需要眾多條件的和合。

為什麼會起貪心？一方面是因為看到自己喜歡的東西，一方面是因為內心貪的種子使然。因為這貪的習慣驅使，我們看到喜歡的東西時立刻就貪了。為什麼會有瞋恨心？因為我們的內心埋藏有瞋恨的種子，所以只要遇到不喜歡的物件或不順心的環境，瞋恨心立刻被喚醒、出動了。而道德心理的產生也是基於同樣的原理，正如孟子

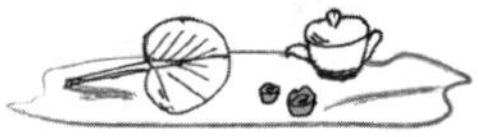

所說：「人皆有不忍人之心者，今人乍見孺子將入於井，皆有怵惕惻隱之心。」因為我們具有道德的心理意識，才能將慈悲和關愛施諸他人。

由此我們可以認識到，每種心理活動的產生都不是無緣無故的，其中既有內因的決定作用，也有外緣的輔助作用。佛菩薩為什麼能夠隨緣不變？是因為他們已經沒有了貪、瞋、癡，因而無論在任何環境下都能如如不動。

非斷非常性

那麼緣起顯示了什麼樣的特點呢？那就是無自性，這正是佛教不同於唯物論和其他宗教的重要區別。既然心是緣起的，就不是固定的；既然心不是固定的，就有改造的可能，這也是我們能夠通過修行而抵達解脫彼岸的理論依據。

其他宗教基本持常見論，認為心是永恆的。如果靈魂是固定不變的，那修行就變得毫無意義，因為善的不用改變、惡的無法改變，到了天堂的一勞永逸，到了地獄的則永世不得解脫。

唯物主義者則持斷見論，認為心只是物質的產物，會隨著肉體的消失而消失。也正因為這樣，依唯物論建立的道德觀存在著許多弊病。生命一旦只是屈指可數的幾十年，只是沒有未來的片段，及時行樂的人生觀就會成為人類的首選，從而對生態環保和心靈環保構成極大威脅。既然能夠享有的生命如此短暫，不如盡情揮霍、為所欲為。那種「我死後哪管它洪水滔天」的自掘墳墓做法，無疑會使世界面臨毀滅性的厄運。

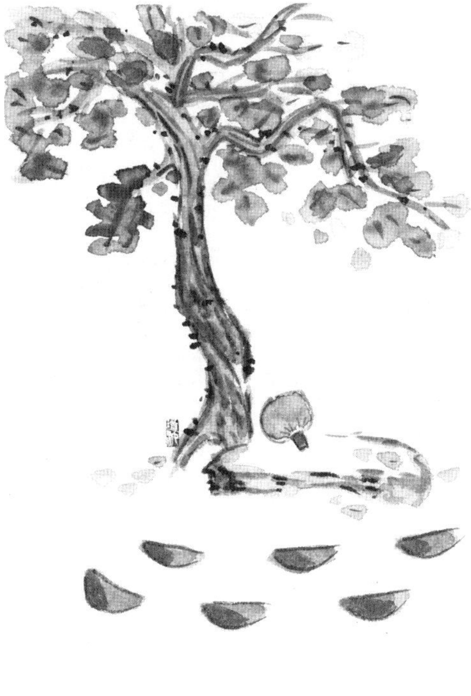

心內潛藏著無量的種子

佛法告訴我們，在我們的阿賴耶識裡儲藏著無窮無盡的種子，其中既有善的種子，也有不善的種子；既有無漏的種子，也有有漏的種子。每個人的種子不同，因此也就有著不同的特點：有的人特別淡泊，有的人特別貪婪；有的人特別慈悲，有的人特別殘忍；有的人特別謙和，有的人特別傲慢。

心靈環保就是從改變這些種子開始。在我們的內心，善和惡就像是交戰的雙方，而我們自己就是提供給養的那個人。我們每天起的貪心、瞋恨心、愚癡心、我慢心和嫉妒心，都在滋養著我們的煩惱心理，都在給那些有漏的種子澆水，使它們不斷增長、不斷壯大力量，當它們具有壓倒一切的優勢時，我們的人格就會隨之墮落。反之，如果能夠從善如流，積極培養自己的道德心理，人格就能純淨而得到昇華。

學佛就是轉染成淨、轉識成智的過程，這也是佛法與哲學不同之處。雖然哲學也講到本體，但只是停留在分析認識上。而佛法所闡述的宇宙人生的真相，是佛陀在菩提樹下親證的，我們只要如法修行，開發出自身的無漏智慧，同樣有能力證佛所證。因為佛法的真理是實證的，因而具有可操作性，如果我們僅通過意識去認識還遠遠不夠。所以在禪宗的修行裡，要我們在「不思善、不思惡」「一念不生」時認識自己的本來面目。為什麼要一念不生？因為一念產生之時，就已落入意識的範疇。而我們所要認識的智慧和真理，是超越意識的境界，是要通過無漏的智慧去證得。

開發智慧的過程也是緣起的，唯識宗叫做轉依，也就是轉變阿賴耶識裡的種子，不斷揚棄其中不善、雜染的成分，吸收並開發善的力量，使無漏種子產生清淨識，使我們的生命素質得到徹底改善。

心有多種頻道

我們的心靈有種種心所，每一種心所都包含著相對的兩個方面。智慧和愚癡相對、精進和懈怠相對、貪婪和淡泊相對、瞋恨和慈悲相對。生活中我們時常面對這樣的矛盾：佛法要求我們放棄對五欲的貪著，可從感情上來說，我們又的確想去追求；

佛法要求我們對眾生慈悲，可遇到違背我們意願的人和事，又實在難以克服自己的瞋恨；佛法要求我們精進，可習氣又使我們常處於懈怠的狀態中。

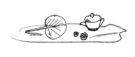

種種心所就像是一個個頻道，使我們往往在不知不覺中進入某種狀態。當我們進入貪的狀態時，眼前就只看見自己想要得到的東西，其他一切都視而不見了；當我們進入瞋恨的狀態時，心中就只剩下按捺不住的怒火，其他一切都無暇顧及了；當我們進入無慚無愧的狀態時，腦海裡就只有自己的利益，為達到目的即使冒天下之大不韙也在所不惜。

通常，我們對自己的心理狀態總是不能很好地瞭解，更無法駕馭。當煩惱襲來時，整個身心立即陷入其中。俗話說「病來如山倒」，煩惱就是我們的心病，很多時候它遠比身病的危害更大、更難以痊癒。有的人學佛幾十年了，生活習慣依然故我，不能將所學的佛法運用在實際生活中。常聽那些為煩惱所困的人說：「道理我都懂，可就是做不到。」正因如此，古德才會發出「知易行難」的感慨。為什麼會有這樣的現象呢？因為「冰凍三尺非一日之寒」，我們的煩惱習氣是無始以來養成的，它的力量非常強大，只要遇到合適的緣，就會迅速佔領我們的內心。而善的力量、理智的力量卻遠遠不夠，使我們難以抵擋貪、瞋、癡的全面進攻。

心靈各種力量的形成

學佛修行就是要使我們認識到：哪些心理會使我們受到傷害，需要逐步克服；哪些心理有益於我們的身心健康，需要努力培養。但我們要知道，良好習慣同樣不是一朝一夕能夠養成的，因此在日常生活中要時時注意對心的保養，使心靈中善的力量得到呵護和增長。持戒的意義也正在於此，它能有效制止生命中惡的種子，同時培養生命中善的種子。它所帶來的也不只是暫時的人天果報，更會將未來生命導向生生增上的良性迴圈中。

每一種心理力量都來自我們自己的培養，所以說，人性並不是固定的。儒家對人性有兩種截然不同的看法，既有孟子的性善說，也有荀子的性惡說。事實上，人性並不存在先天的善惡之分。如果說人性是善的，那麼罪惡現象從何而來？如果說人性是惡的，那麼道德又從何建立？因而佛法認為人性是無記的。在我們的心裡，既有善的力量，也有不善的力量，關鍵在於我們如何去開發和培育。

從人心到人性

人性從哪裡來？就是由心理的頻繁活動積累而成。當惡的力量在我們心靈中佔有絕對優勢時，為非作歹幾乎成了天經地義的事。但我們要知道，惡人並不是沒有善的種子，只不過善的力量非常微弱，除非在特殊狀態下才會起作用。還有一類人，善的種子幾乎完全喪失，經典中稱為「一闡提人」，即使是對這樣的人，佛陀依然認為他們有轉變的可能。

我們要把自己培養成什麼樣的人，就要朝什麼方向努力。現代人比較注重身體健康，身體健康是整體的概念，任何一個器官的病變都可能摧毀我們的色身。其實，我們的心靈也需要同樣的關懷和保養。每天不斷地起貪心，就會成為貪性人；每天不斷地起瞋心，就會成為瞋性人；每天不斷地起我慢，就會成為我慢人。可見，任何一種煩惱都會病魔般侵蝕我們心靈的免疫系統，使它發生扭曲、變得畸形。所以我們要保持淡泊的心態，只有超然於五欲塵勞之外，煩惱才沒有可乘之機、沒有立足之地，我們的心靈才能因此獲得免疫力。

三、心的環保

我們瞭解心的特徵後，就要開始正式探討「心靈環保」的相關問題。

什麼是心靈的健康之道？佛法修行是建立在修心的基礎上，是對心靈的提升和淨化。當我們說到迷與悟時，無非是在一念之間；當我們說到轉染成淨時，也無非是在我們的起心動念之間；而沉淪與解脫，同樣屬於心靈的兩種不同狀態。當我們內心還有執著時，它所貪戀的一切都會束縛我們的身心，使我們成為以身殉物的犧牲品。

自增上

心靈環保主要從兩個方面著手。首先，我們自身要有這樣的需求，從內心生起迫

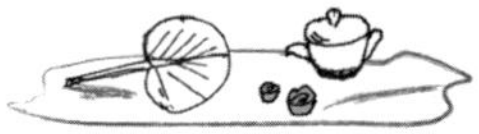

切的環保意識。自然環境的破壞是有形的，它所構成的危害也是直接的，因而比較容易被我們感覺到。森林的大規模砍伐會提醒我們去植樹造林；河流的全面汙染會提醒我們去淨化水源；草原的大面積沙化會提醒我們去採取保護措施；臭氧層出現的空洞會提醒我們去抵制氟利昂。

可當我們將目光轉向自己的內心世界時，那裡又是怎樣的一番情形呢？在我們的心靈深處，是否已被那些色、聲、香、味、觸、法遮蔽得沒有一絲空間？是否已被那些貪、瞋、癡干擾得無法安寧？是否已在名利聲色的主宰下喪失了自由？如果我們能夠進行這樣深入的反省，多半會發現，我們的內心正面臨和生態環境同樣的危機。人類只有一個地球，所以保護環境是我們唯一的選擇，否則就會給子孫後代留下貧瘠而醜陋的家園。同樣的道理，我們的色身雖然會結束，但由它造下的業力卻會生生不息地伴隨著我們。如果我們不能從現在起就對它善加保護，終會將未來生命推向黑暗的深淵。所以說，心靈環保直接關係到每個人的切身利益。

A·出離心：我們希望自己的心擺脫貪、瞋、癡的狀態，就是佛教所說的出離心，它能使我們由此獲得解脫。佛教講到的解脫，是相對執著而言。執著有我執和法執兩種，它能使我們的心靈受到束縛，使我們的眼界變得狹隘。

佛經說「心包太虛、量周沙界」，整個宇宙在我們的心裡也不過是幾片雲彩而已，試想，我們的心原本應該有多大？可我們的心現在究竟多大呢？我們每天考慮到的可能就是自己一個人、自己的家庭、自己的公司。我們的榮辱得失，我們的生活、事業、感情，就是我們的一切。

我們將自己禁錮在我執的範疇內，從對自我的關心，到對親人和朋友的關心，乃至對民族和種族的關心，其實都是我執的不同表現形式。無論是個人主義還是種族主義，它們的性質從本質而言都是同樣的，都不利於社會安定和世界和平。強烈的個人主義，會造成人與人之間無法調和的矛盾；強烈的種族主義，會造成種族之間無止境的衝突。如果我們能夠放下對自我的執著，以平等心看待一切，從眾生的利益著眼，就可以超越個人的一己私利，超越民族和種族的界限，使心量變得更為廣大。

如果說我執是煩惱障產生的根本，那麼法執就是所知障產生的根本。因為法執，當我們看到宇宙人生的一切現象時，很容易產生實在感和自性見，進而去分辨好壞、美醜和善惡。而所有這些分別，又是建立在我們有限的感官經驗上，不可避免地充滿種種錯誤。因此，法執就像有色眼鏡般障礙著我們對世界的認識，使我們不能看清世界的真相。

發起出離心，就是幫助我們從我、法二執中解脫出來，擁有清淨而超然的心態。也只有這樣，我們才能具備正確的認識能力，從而擁有真正的解脫和自由。佛法的解脫，包含心解脫和慧解脫兩個方面。心解脫是讓我們的心從我執和煩惱的狀態裡解脫出來；而慧解脫是讓我們的認識從法執和錯誤的知見中解脫出來。

B・菩提心：出離心是以解脫為本，而菩提心更進一步要求我們開發自身本具的功德寶藏，以此莊嚴我們的內心。佛陀所成就的無上菩提，不僅是徹底的解脫，同時還具備了無量功德。那麼聲聞成就的解脫和佛陀成就的菩提有什麼區別呢？《解深密經》用了一個比喻來說明：兩人同時從牢中出來，其中一個入獄前窮困潦倒，出來後還是一無所有；另一個入獄前家財萬貫，出獄後仍然是個富翁。由此可見，同樣是解脫，發心不同，獲得的成就也就不同。

之所以會有不同的成就，是因為發出離心只是為了個人解脫，而發菩提心不僅希望自己解脫，更希望一切眾生都得到解脫。當我們意識到自己的心靈飽受煩惱的摧殘和蹂躪，迫切地希求解脫，就會推己及人，想到一切眾生都處於這樣的狀態，也有共同的希求，從而發心幫助所有的人。

C．慚愧心：除了出離心和菩提心，還有另一種重要的心理力量——我們的慚愧心。

慚愧心使人區別於其他一切眾生。佛法中講到人性的幾大特點，其中非常關鍵的一點就是慚愧心。慚愧心相當於儒家所講的天地良心，也就是人人皆有的羞惡之心、是非之心。如果我們能夠具備這樣的道德意識，止惡行善才會成為自覺的行為，從而進一步喚起意志的力量，克服人性中存在的諸多弱點。如果我們能夠具備這樣的人格力量，反躬自省才會成為自發的行為，並在反省過程中對自己進行審查和檢點。

人非聖賢，孰能無過？只要我們還沒有喪失慚愧心，並在犯下錯誤後及時懺悔，

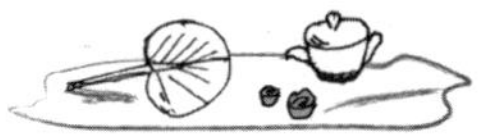

就能滌除人格中沾染的汙點。所以說，慚愧心是推動人類道德進步的動力，也是促使我們進行心靈環保的良知良能。

法增上

心靈環保一方面要求我們有自覺的希求，並從出離心、菩提心和慚愧心出發來加強並鞏固這樣的意識；另一方面，我們要想進行心靈環保，僅僅依靠自己的力量是不夠的。在我們的主觀願望上，人人都希望擁有健康的心靈，但我們為此付出的努力卻往往不能見效。我們永不安寧的心需要找一個地方來安住，我們借助各種環境來寄託，尋求各種刺激來逃避，可結果還是不安。正因為人類沒有足夠的能力進行自我心靈環保，所以需要通過學習佛法來培養相應的能力。

A．正見：學佛首先要具足正見，也就是對自己的心有正確認識，知道心理活動的狀態、原理和規律。如果我們缺乏辨別是非的能力，就會像禪宗所說的「認賊為子」，把賊當作自己的孩子般關懷備至。事實上，大多數人都是這樣愚癡，我們甚至在受到煩惱的傷害時依然執迷不悟。我們不能認識貪、瞋、癡所潛伏的危害，不斷地寵著並順從它們的種種要求，以為它們是我們最親近可靠的夥伴，結果使它們的勢力越來越大。正如《地藏經》所說：「閻浮提眾生，舉心動念，無非是罪，無非是業。」我們在貪、瞋、癡煩惱的支配下，看到好的就貪、看到不好的就瞋，這已成為我們根深蒂固的習慣。我們每貪一次、瞋恨一次，貪婪和瞋恨的種子就在增長。我們不斷給予它們成長所需要的食糧，讓它們來對付我們自己。

所以，我們首先要認識哪些心理是健康的，會給我們帶來幸福和快樂；哪些心理是不健康的，會給我們帶來痛苦和傷害。否則，所謂的心靈環保只能是我們的一廂情願，是永遠無法實施的口號。阿基米德曾經說過：「給我一個支點，我就能撬起整個地球。」即使煩惱習氣有著巨大的力量，只要我們以佛法作為杠杆，以正見作為支點，也能從根本上動搖它，並將它連根拔除。

B．受持戒律：當我們具足正見後，還要將它落實在具體行動中，而受持戒律就是首要的一點。受戒不只是一個形式，關鍵是在內心埋下向善的種子。受聲聞戒，是

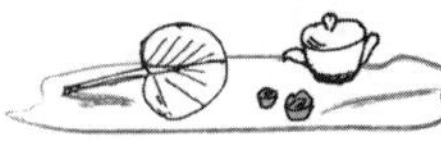

成就解脫的種子；受菩薩戒，是成就菩提的種子。

常聽到有些人說藏傳佛教注重傳承，言下之意，漢傳佛教就缺乏這樣的傳統。那麼我要告訴大家：受戒就是一種傳承！我們受戒所獲得的戒體，自佛陀最初羯磨傳戒後，由歷代祖師大德一代代繼承而來。受比丘戒必須有三師七證，由戒師父和戒和尚親傳才能得戒。而戒和尚的戒又是從他的戒和尚那裡得來，由此類推，一直可以追溯到佛陀時代。所以我們受戒所獲得的解脫種子和菩提種子，秉承了佛教沿襲至今的優良傳統。當我們種下這樣的種子後，就為心靈環保注入了重要的力量。

戒體是通過戒相來保護我們的身心，包括止惡和行善兩個方面。止惡也叫止持，「止」是告訴我們什麼是不應該做的，其中又以五戒的不殺生、不偷盜、不邪淫、不妄語、不飲酒為基本行為規範。我們所應制止的這些行為是和煩惱相應的。所以，止惡的意義就在於止息我們內心惡的種子。生命是習慣的積累，我們的貪、瞋、癡，自無始以來形成了巨大的慣性，正是這種習慣造成了我們現有的人性。其實，修行就是良好習慣的養成，我們現在提倡「人生佛教」，提倡「生活禪」，就是要求我們將修行落實在語、默、動、靜之間，落實在行、住、坐、臥之中，落實在生活的方方面面。

持戒的另一層意義是行善。菩薩戒的「三聚淨戒」，就是要在止惡的同時積極行善。如果說不殺生是消極地止惡，那麼放生就是積極地行善。在聲聞戒律裡，不止惡是犯戒；在菩薩戒裡，不行善也是犯戒。在《瑜伽菩薩戒》有關布施的戒條裡，有人臥病缺乏照料，你明明知道卻不去慰問就屬於犯戒；有人向你訴苦而你沒有耐心聽，也屬於犯戒。所以《瑜伽菩薩戒》是一部非常人性化的戒律，近代的太虛大師曾極力提倡。因為生活正是由這些看似瑣碎的細節構成，只要我們能如法地遵循這些行為規範，就能逐步地開發出生命中善的力量。

通常我們理解的因果關係是「我做了好事將來有好報」，這固然正確，但如果我們瞭解到心行的運作規律，就會發現任何行為在當下就能產生作用。我們做的每一樁好事或壞事，結果也許不會立刻成熟並顯現出來，還需要假以時日。但它對我們心性所構成的影響卻會在當下發生，並且只有我們自己才能感覺到。一位哲人曾經說過：

「當我們缺少一樣必需的東西時，我們痛苦了；當我們渴求一樣並非必需的東西而不可得時，我們十倍地痛苦了。」這說明真正使我們產生痛苦的，往往不是物質的匱乏，而是我們的貪婪之心。一個貪心重的人，即使擁有豐厚的物質條件也很難滿足，因為欲望是無止境的，而當他失去財富時，更如同面臨滅頂之災。相反，一個心性淡泊超然的人，無論在什麼樣的生活環境都能樂以忘憂，不會讓世事的變化對自己構成傷害。所以持戒的根本在於改變我們的心性，雖然善惡的果報真實不虛，但那只是行善的副產品，內在生命的改善才是最重要的！

C．防護根門：在受持戒律的同時，我們還要防護根門，即眼、耳、鼻、舌、身、意六根，這是我們接觸世界的六個視窗。世界雖然豐富多彩，但一切境界不外乎由六根感受的色、聲、香、味、觸、法。除了我們眼睛看到的、耳朵聽到的、鼻子聞到的、舌頭嘗到的、身體接觸到的，以及心裡想到的，還有別的世界嗎？

世界多大其實並不重要，因為我們每個人只能生活在自己感受的世界裡。世界可以無窮無盡，但只有我們能夠感受到的，才是屬於自己的世界。因此，六根就是造成產生心靈染汙的重要關口，如果把握不好，問題就會接踵而至，這和「病從口入」的道理是同樣的。我們的內心時時都被六塵染汙著，接觸到喜愛的境界，聽到悅耳的讚美，吃到美味的食物，接觸到舒適的環境，貪著就像條件反射般出現了。而在它出現的那一剎那，清淨心和平常心立刻消失了。

「六根清淨方為道」，《瑜伽師地論》中，非常強調「護持根門」的重要性，要求我們從「密護根門，防守正念，常委正念」中著手修行。我們平常都在念些什麼？無非是學習、工作、戀愛、家庭、名利。這些是不是正念？對商人來說，賺錢似乎就是正念；對戀人來說，思念對方似乎就是正念。但我們要知道，這些念頭都是引發煩惱的根源。我們只有正確認識到一切名利聲色的本質，才能不被它們所傷害。這就需要智慧的透視，由聞思經教而樹立正見。

「密護根門」要求我們在面對環境時不讓煩惱有可乘之機。我們的貪心常常會習慣性地跑出來，就像老鼠看到好吃的東西會往外跑。這時，正念要像忠於職守的貓那樣把它看住，不讓它輕舉妄動。一旦煩惱產生活動，我們的內心就會被染汙而功虧一

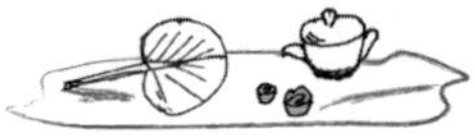

簣。如果我們能以正念守護它，即使在接觸環境的過程中，內心還能保有清淨的狀態。

修學佛法的根本是八正道，其中又以正見為首，如無常見、無我見、空見，並在此基礎上引發正念。修行中有六念法門：即念佛、念法、念僧、念戒、念施，念天。正念的前提是要牢記，念佛的人為什麼要拿著念珠？那就是提醒我們此刻在做什麼，看看自己每天有多長時間把心安住在佛號上？有多長時間把心安住在貪、瞋、癡上？這樣的觀察就是防守正念。我們每天都要想到佛陀的功德，想到佛法所揭示的解脫之道，想到賢聖僧的高尚操行，想到戒律的止持規範，想到生命的無常。此外還要「觀身不淨，觀受是苦，觀心無常，觀法無我」，如果我們的心能時時依此四念而住，就能有效克服貪著和煩惱的產生。聲聞修四念住，是為了個人解脫煩惱，證得無餘涅槃，出離生死苦海；菩薩同樣修四念住，卻是為了證得最高的無住涅槃，盡未來際利樂有情。

而「常委正念」是要使正念沒有間斷，這正是修行的功力所在。當我們面對六塵境界時，正念好比傳達室的門衛、足球場的守門員，它的職責就是守護我們的內心。禪宗祖師將修行比作「靈貓捕鼠」，要聚精會神地觀照自己心念的起落。通常我們面對六塵境界時，不知不覺間就會著相，看到喜歡的東西就希望得到，這一念生起後，貪、瞋、癡就通通出動了。如果我們擁有正念，看到喜歡的東西不是沒有分別，但心不會隨之而動，不會因此而起得失之心。

最近我在研究《瑜伽師地論》，發現其中「二道資糧」這部分非常好。二道就是入世之道和出世之道，我們想出離世間，就必須積集相應的資糧，從防護根門開始，具體到怎麼吃飯、怎麼走路、怎麼睡覺、怎麼正知而行，這些問題雖然很基本，卻正是修行的基礎。我們的心保護得好，修定就是順理成章的事了，不需再費太大的力量。

D．觀想：最後要和大家談的是觀想，也就是對境界的改變。每個人都有不同的煩惱，那也是我們在修行過程中特別難以對治的障礙。每個人貪的境界不同：有的人貪著錢財、事業；有的人貪著家庭；有的人貪著繁華的城市；有的人貪著清淨的山林；有的人貪著世俗的生活；也有的人貪著的是佛法。雖然貪著的內容不同，但一樣都是貪。當然，這些貪著所帶來的弊病是不同的。比如我們對佛法的貪著，雖然也會有弊病，但它的過失比較小。如果貪著的是錢財和女色，帶來的煩惱就會特別重，構成的傷害也特別大。面對這些我們所貪的境界，逃避只能起到暫時的作用，並不是最終的解決之道。因此我們要學會用智慧去轉化環境，通過觀想去除自己對這些境界的貪著。

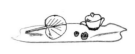

心是因境界而起，我們每個人都生活在自己的感覺裡，環境的好壞，在很大程度上取決於各自的感受。每個人都覺得自己的家鄉最好，在外辛苦工作一年，存點錢就要千里迢迢地趕回家待幾天；而那些遠離家鄉的遊子，到老也往往惦記著落葉歸根。可那個讓我們魂牽夢縈的家鄉，對別人來說並沒有特別的意義。每個人都覺得自己的孩子最重要，他的健康、學業和成長足以讓父母耗盡所有心血，可在別人的眼裡，也不過是無足輕重的一個孩子。所以所謂的好與不好、重要與不重要，都是我們的一念感覺。俗話說「天下本無事，庸人自擾之」。一切煩惱都是我們自己製造出來的，是錯誤情緒和感覺帶來的，如果能以智慧來轉變它，就可以避免很多不必要的煩惱。

不淨觀可以對治我們對異性的貪著。當我們愛上一個人時，往往會因為這份貪著而不能自己，被對方的一言一行所左右。有道「英雄難過美人關」，我們怎樣來過這一關？可以通過觀想。傳統的觀法是觀想人腐爛的過程，在死後如何發脹、發臭。我們也可以借助現代的科學方式。在顯微鏡下的人是什麼？其實就是個微生物的世界，每個毛孔都布滿著細菌。如果我們能夠用這樣的方式來思惟，就能從多個角度客觀地認識對方，而不會被眼前的一點美感沖昏頭腦，貪著之心也能逐步去除，更不會因為感情的挫折而陷入絕境。

慈悲觀可以對治我們對他人的瞋恨。當我們痛恨一個人時，怒火會燒毀我們的理智，引發衝突乃至暴力行為，更有甚者，欲置對方死地而後快，落得兩敗俱傷的悲劇下場。佛陀告訴我們，一切眾生和我們無始以來都互為親人，都是我們的父母和兄弟姐妹，都曾經有恩於我們，我們怎麼能夠以怨報德來對待他們？虎毒尚不食子，我們又怎麼能夠同類相殘？

無常觀可以對治我們對永恆的執著。「觀無常，足以解脫。」佛陀在世時，很多佛弟子都是通過對無常的認識獲得解脫。在我們的習慣思惟中，總是將一切執為永恆，因而無法面對它們的毀壞和消失。事實上，世上所有的物體，包括我們自身，都離不開成住壞空的過程。而敗壞並不是突然間發生的，事物無時無刻都在趨向敗壞，只是我們感官非常遲鈍，所以看不到那些剎那生滅的現象。認識到無常，就能幫助我們理智地看待世間的一切變故。

除了上述幾種觀法，《瑜伽師地論》中還告訴我們：我執重的人應修界差別觀；愚癡的人應修緣起觀；內心散亂的人應修數息觀。針對眾生不同的煩惱，佛陀都為我們開設了相應的對治法門，這在佛教中叫作「對治悉檀」，也就是對症下藥，對於不同的病症有不同的治療方法。只要我們能夠這樣如理觀察，煩惱就能得到轉化，這正是心靈環保所要達到的目的。

四、結束語

整個修學佛法的過程，就是從對心的認識到對心的保護。昨天的座談中，有人問到《金剛經》所說的「善護念」。「善護念」就是好好地護持自己的念頭，其實這也就是心靈環保。從這個意義上說，整個《金剛經》就是一部心靈環保的著作，再擴展開來，所有的三藏十二部經典，都是心靈環保的最佳指南。

需要明確的是，心靈環保不僅是我們個人的需要，也是整個社會的需要。一位從事生態環保的社會學家曾經指出：「當我們把目光投向滿目瘡痍的世界時，我們應當明白，對世界造成最大毀壞不是別的，而是我們內心燃燒的欲望。如果我們不把愛財之心變成更多的熱愛自然，如果我們不把佔有的欲望變成存在的審美，如果我們不把

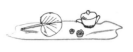

對錢的渴望變成對生命意義更崇高的追求，我們的世界是不會僅僅被揚湯止沸的環保行為拯救的。」

從這個意義上說，心靈環保正是生態環保的關鍵所在。在呼籲生態環保的當今社會，希望有更多人能夠加入心靈環保的行列。

讓我們的心靈擁有一個純淨的空間！讓我們的世界擁有一片純淨的藍天！

10

歸元無二路，方便有多門

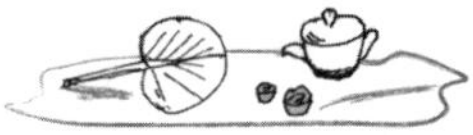

從二〇一〇年開始，西園戒幢律寺面向社會舉辦名為「觀自在禪修營」的禪修活動，由西園寺的法師進行引導，以南傳佛教的四念處內觀禪法作為主要方法。與此同時，西園寺戒幢佛學研究所也加強了集體禪修。西園寺首座、戒幢佛學研究所所長濟群法師是這兩項禪修活動的宣導者之一。濟群法師身為溈仰宗第十代傳人、臨濟宗第四十五代傳人，對於禪宗的修行頗有體會。

禪修的意義何在？佛教徒在禪修中應該重視什麼？目前社會上關於南傳內觀的禪修相當熱門，內觀禪法具有什麼優勢？禪宗作為漢傳佛教的重要宗派，在歷史上高僧大德層出不窮，而其禪法往往給人一種深不可測、難以捉摸的印象，如何學習方能受益？內觀與禪宗的修行可否接軌？……帶著這些問題，記者採訪了濟群法師。

記者：您為什麼從近期開始大力宣導禪修？

濟群：禪修是佛教徒的重要修行方式。這種傳統被忽視和遺忘，就會造成修行停留在表面，流於形式。

由於目睹佛教界不少人抓不住修行要領，我這些年來一直努力弘揚佛法修學的次第，提出了五大要素：發心、皈依、戒律、正見、止觀。關於修學次第和五大要素的弘揚到了一定程度，現在是給大家宣導將修行落實到止觀上的時候了。

佛法的一切修學最終都必須落實到止觀，否則所學的僅僅是一種知識，對我們的生命無法產生根本、透徹的影響。佛教徒禪修的意義就在於將修學的內容與生命連接起來。沒有禪修，教理就不能與心念發生關係，做事也會成就凡夫心，距離解脫的目標越來越遠。

西園寺的戒幢佛學研究所是一所佛學院校。佛學院校的教學，一不小心就可能陷入誤區——過於偏向理論性的學習，實修方面引導不足。學生學習了很多佛教的知識，包括歷史、戒律、宗派等等方面，真正能夠用起來的卻很少，習氣和煩惱並沒有減少，這就像是一個人掌握了大量醫學理論，侃侃而談，聲稱可以包治百病，但是只不過遇到一次小小的感冒就束手無策了。

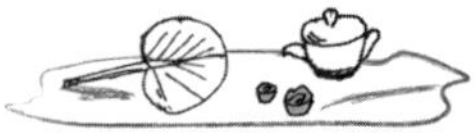

學佛，不能為了學習而學習，更不能為了應付考試或拿到文憑而學習。我們研究的是生命的真相。戒幢佛學研究所主張學修並重，這不是一句空洞的口號，我們要拿出實際行動創造禪修的環境。一旦形成了這樣的環境，優秀的道風也就會隨之形成。我認為這樣的風氣和特色對中國佛教的發展一定會具有重大意義。

對於社會上的信眾，禪修也同樣重要。我們的本師釋迦牟尼佛不是一個理論家，他是一位大醫王。佛法是最好的醫藥，可以使人們的心靈獲得健康。我們學佛，就是要通過教理的學習和禪修的實踐，治癒一切煩惱造成的心病。

佛教寺院開辦面向社會的禪修營，通常都會出現報名踴躍的場面，西園寺的「觀自在禪修營」也是如此。這說明人心有這樣的需要。從佛法看來，社會問題無非是人心的問題，人心通過禪修變得寧靜、純潔、慈悲，問題也就迎刃而解。禪修既能改善自己，又能造福大眾，可謂自利利他。

記者：沒有禪修經驗的人經常提出一個問題：「禪是什麼？」您會如何回答？

濟群：禪，簡單地說可以分為禪定的禪和禪宗的禪。禪定的禪偏向於定。定，是心一境性。禪修者通過選擇一個善的所緣境，把心專注在所緣上，久而久之達到心一境性的效果。在印度的傳統宗教中有四禪八定的修行，這既是佛教的基礎修行，也是佛教與世間禪修的共法。禪宗的禪是定慧等持，即定即慧。這不僅與世間的禪定不共，與教下的止觀也有所區別。

中國人說到禪，比較側重禪宗的禪。禪是什麼？禪的本質與佛的本質一樣。佛者，覺也，禪的本質是覺性。禪宗講直指人心，見性成佛，便是通過特定的方法直接開啟心靈內在的覺性，完成生命的覺醒和解脫。因此，禪是什麼呢？禪便是你當下覺醒的心。

記者：我們為什麼要通過禪修獲得專注力和觀照力？

濟群：因為眾生的無明以及從無明發展出來的種種煩惱，使我們的內心總是處在不知不覺之中。同時因為煩惱和妄想，內心形成巨大的生命瀑流——知見之流，煩惱之流等。每個人都不知不覺地陷入不同的瀑流，不斷地散亂（追逐不同的境

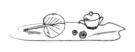

界）、掉舉（心念搖擺不定）和昏沉（處在昏昧的狀態）。

這樣的現狀給我們帶來了巨大的過患。這些狀態讓我們活得很累，追隨著心念不停地忙亂。要知道，這種忙亂不是暫時的，而是永久的。只要沒有解除心靈內在的無明，我們就會不斷地為各種混亂的心念增加養分，使它們的力量越來越大，所以輪迴沒有盡頭，痛苦也沒有盡頭。

禪修，就是通過專注力的訓練讓混亂的心定下來，然後再修習覺知的觀照力，把心帶回當下。不要活在串習的瀑流裡，進而有能力解除這些瀑流。

關於禪，有一個優美的片語「雲水禪心」，漢地寺院裡掛單的住所往往名為「雲水堂」，這就是為了指出禪的意義所在——禪可以讓我們的生命變得如同行雲流水，自在安詳、了無掛礙。

記者：在禪修中主要應該做什麼？

濟群：保持正念。

在強大的心念瀑流中，我們看不清楚，不能自主，這是凡夫的現狀。生命的未來究竟是什麼？今後會墮落到哪一道？都沒有絲毫把握。

佛陀告訴我們，眾生在無盡的輪迴中經歷了千生千死，萬生萬死，不斷地被愛別離、怨憎會等痛苦折磨著。實際上，體驗輪迴不必等到下一期生命來臨。大家現在就都活在某種輪迴裡，感情的輪迴、事業的輪迴、藝術的輪迴……我們是煩惱的奴隸，一直在為內心的各種煩惱工作。

我們連此時此刻都把握不了。

當我們不願意煩惱的時候，卻依然被煩惱牢牢地束縛著。想想看，誰願意焦慮、抑鬱和憂傷呢？但我們有能力避免這些嗎？

這是因為在受想行識的過程中，沒有正念，就很容易發展出貪瞋癡。

誠實地審視自己，我們就會發現——我們走路時，神不守舍，妄想連篇；我們吃飯時，不是用貪心和瞋心在吃，就是用癡心在吃；待人接物時，我們用的都是充滿好惡、不平等的心。貪瞋癡會直接導致生命品質無法提高。

不能把握生命的主動權，這樣的生命是非常悲哀的。不設法改變，苦日子就不會結束。所以我們應該趕緊培養正念，照破無明。

在禪宗中，最高的正念是無念之念。《六祖壇經》中說：「無念為宗，無相為體，無住為本。」無念就是般若，是正念到達極致的狀態，需要很高的見地，這對很多人來說是不太容易具備的。

但是在此之前，我們有可以修得起來的方法：把心帶回到當下。先修一定的止禪基礎，然後對當下的每件事情保持覺知力，帶著覺知去做每一件事，心就不會陷入貪瞋癡中。

凡夫不可能完全沒有貪瞋癡，覺知的同時，各種妄念也會生起，這沒有關係。我們對不同的境界、不同的心念都能保持覺知力，就是在培養正念的力量。不要小看這種力量！我們的未來是幸福還是痛苦，就取決於它。

記者：有人說近年來南傳內觀禪法在漢地比較盛行。這是否因為內觀禪具有一些優勢？

濟群：南傳內觀目前在漢地也還談不上盛行，只能說有少數幾個道場開始注意到這種禪觀的殊勝並著力提倡，這是資訊高度發達的國際化社會必然會出現的趨勢。各個不同語系佛教之間的接觸，可以增進三大語系佛教之間的瞭解，並最終達到互補的效果。

我們中國傳統的禪宗是直指人心，見性成佛，稱為頓悟。這在唐宋時期曾經盛極一時，造就了無數的法門龍象。但這種法門對於學人要求特別高，要具足上等根機的人才能契入。有些學人因為根機不夠，又缺乏明眼人的指引，雖然經

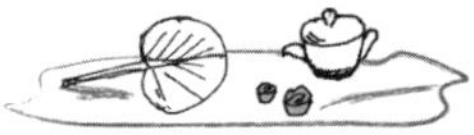

過數十年的禪修，卻是籠統顢頇，不得要領。相反，南傳的內觀，依《念處經》，不論從見地和入手處都具有簡單易行的特點。對於現在的人來說，一要容易，用得上功夫；二要直接有效，不拐彎抹角，能切中要害。而南傳內觀中的有些派別的確具有這樣的特徵，所以我覺得值得提倡，可以把它作為禪宗修行的前方便。

在戒幢佛學研究所第二屆教學課程中，我曾經講過一年半的《阿含經》，研究所也開設過《南傳佛教概論》，這是本所與南傳佛教建立關係的最初因緣。隨後陸續有些同學到南傳的一些禪修中心參學，我也鼓勵他們去瞭解瞭解，現在他們也都成了本所教學、弘法的骨幹力量。真是「歸元無二路，方便有多門」啊！

記者：「歸元」是何含義？內觀和禪宗的修行如何接軌？

濟群：「歸元」的意思是歸到本元，本元在這裡指的是心的本質，嚴格來說就是指覺性。按照大乘佛教的見地，覺性是每個人都具有的。禪修的目的就在於開發我們本具的覺性。禪宗與內觀的修行，兩者的相通之處也正是在於「歸元」——重視對覺性的體認和開發。

禪宗傳到漢地之後，起初常用的修行方法是「祖師禪」：不立文字，教外別傳，直指人心，見性成佛。禪宗在發展中形成「一花五葉」，有了溈仰宗、臨濟宗、雲門宗、曹洞宗、法眼宗幾個分支，各宗的祖師們開發出靈活多樣的修行方法，幫助學人解黏去縛、破除執著，契入覺性，留下了「德山棒」「臨濟喝」「雲門餅」「趙州茶」等許多佳話。宋代以後，禪宗的修行演變成以「參話頭」為一種主要方法。

總體而言，禪宗的見地和用心方法都非常直接，一般人可能用不起來。以曹洞宗的「默照禪」為例，這種禪法始創於宏智正覺，主張在寂默中保持觀照，心靈宛如一盞明燈，朗照一切。可是很多人的心靈達不到這種清明的程度，處在一種昏昧的狀態，倘若修行不得力是「照」不起來的，這也正是大慧宗杲將默照禪評為「邪禪」的原因。實際上默照禪自有道理，運用不當才會成為「邪

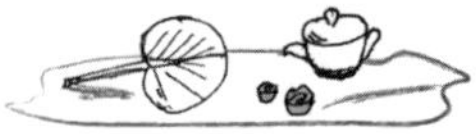

禪」。學人具備相當好的根器，導師也具備正確的引導方法和引導經驗，禪宗的各種修行方法才會煥發出應有的光彩。

內觀的修行，通常是先選擇一個止心一處的目標，然後培養專注力，具備一定止的基礎之後再培養覺知力。當然內觀也可以從觀禪入手，不過仍然需要蘊涵一定的止的基礎，只是側重點不在於止而已。隨著覺知力的提高，內心的妄念逐步平息，就可能從覺知力過渡到沒有造作的覺性，這就進入禪宗的境界了。

記者：如果以內觀作為禪宗修行的基礎，修內觀到了什麼程度，可以開始禪宗的修行？

濟群：這是沒有一定之規的。在修內觀的過程中，如果能具備一定的禪宗的見地，就能更好地導向覺性的開發，實際上也就包含了禪宗的修行。甚至可以這樣說：帶著禪宗的見地修內觀，就是在修禪宗。

比如，同樣是觀呼吸，見地不一樣，修的高度就不一樣。觀呼吸，可能是普通的修禪定，也可能是道家的修吐納，也可能是聲聞的四念處，或是禪宗的修行——能呼吸的心當下就是覺性。同樣的方法，用什麼樣的見地去修就會達到什麼樣的高度。世間的禪不能導向解脫，就是因為見地有問題。

記者：除了正確的方法和見地之外，禪修還有什麼重要因素？

濟群：態度很重要。作為禪修者，我們要有一份迫切的尋求解脫的心，勇猛精進。禪宗說，修行人要成為「活死人」，意即放下所有對世俗的執著，全身心投入禪觀。如果只是隨意地禪修，不足以改變充滿貪瞋癡的混亂生命。

除了在座上打坐禪修，我們在生活中也要具足正念，專注地走路、專注地吃飯、專注地做事，並在走路、吃飯、做事的過程保持了了分明的覺知力。時時刻刻，如救頭燃，帶著這樣強烈的警覺心，正念就會不斷地強大，妄念就會逐漸弱化。

環境也很重要。儘管禪本身的意義超越一切形式，但禪修也符合緣起法，凡夫心隨境轉，禪修條件與禪修者有很大關係。在這個物欲橫流的時代，對於修道的干擾太多。理想的禪修環境，應該是清淨的環境和健康的生活。在佛陀住世

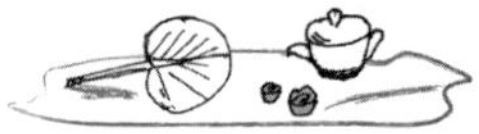

的時代有那麼多人證得聖果，與良好的修行環境是分不開的。很多人感到在一些禪修中心裡修行比較容易，也是同樣的道理。

佛教強調「由戒生定」。無論置身何方，嚴持戒律能夠保證我們過上健康、簡單、清淨的生活，這是必不可少的助道之緣。

11

邁出溝通的第一步

——《人世間》專訪

二〇〇八年十月，西園戒幢律寺舉辦第三屆戒幢論壇，主題為「佛法與心理治療」，邀請教界人士及心理學界的專家學者參與。這是一次佛教界主動與心理學界進行的正面交流，那麼，這種溝通的意義何在？就此問題，《人世間》的記者採訪了本次論壇的倡議者，戒幢佛學研究所導師濟群法師。

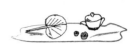

記者：西園寺舉辦的戒幢論壇，前兩屆探討的是佛學主題，而第三屆以「佛法與心理治療」為主題，是不是在論壇的定位上有所轉移？

濟群：戒幢論壇關注的不僅是佛學研究，也包括佛教界的現實問題，如佛法傳播、教團建設和僧才培養等。佛法與心理學的溝通，是在當代社會普及佛法，解決人類心靈問題的重要課題，符合論壇原有的宗旨，並不是另闢蹊徑。今後我們計畫在戒幢論壇繼續展開相關主題的研討。

記者：您作為佛法導師，是怎樣開始接觸心理學界的？

濟群：早年從事唯識教學時，曾看過一本美國人寫的《現代心理學史》，感覺心理學與唯識有一定相通之處，適當借助心理學的概念，有助於現代人更好地理解並接受唯識思想。

實際接觸是這幾年開始的。我們曾邀請心理治療師徐鈞居士到戒幢佛學研究所做過一些心理學講座，徐居士又陸續帶來一些心理學家和相關從業人士，他們對佛法都表現出濃厚的興趣。我在給他們介紹佛法的同時，也看到心理學在改善人類心靈問題方面，有它特有的方便善巧和積極作用。此後陸續有心理治療師到西園寺參學交流，接觸日益增多。

與此同時，心理學界也開始重視與本土傳統文化的結合，並嘗試與教界法師進行交流。我曾多次應邀出席心理學界的各種活動，如海峽兩岸心理輔導論壇、德中心理治療培訓班舉辦的佛學與心理學對話、第四屆心理分析與中國文化國際論壇、首屆華人應用心理學發展論壇等等。通過這些交流，不斷增進佛教界與心理學界的相互瞭解。

記者：您認為佛法與心理學是什麼樣的關係？

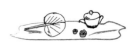

濟群：佛學與心理學的共同之處，都是致力於人類心靈問題的解決。但兩者又有深度和廣度的不同。心理治療只是要把非正常的人（心理疾病患者）轉變為正常人，而佛法修行則是要把凡夫改造為聖賢。換句話說，心理學解決的只是異常的心理問題，著重於心理疾病的治療，不涉及常人都有的煩惱，不面對生命永恆的困惑，這就不可能從根本上解決心理問題的成因。而佛法修行則是幫助我們了悟心的本質，從而瓦解煩惱之根，清除迷惑之源，是以治本而非治標為目的。

通過彼此交流，心理學家可以從佛法中汲取智慧，法師們則可以借鑒心理治療中的一些方便。

記者：您在講座中提到，心理治療行業具有一定危險性，也有心理學家在第三屆戒幢論壇上表示，心理治療師在從業中可能產生心理疾病。您可否分析其中的原因和解決方法？

濟群：心理治療師之所以會受到患者的影響，多半是因為他們本身就不具備良好的心理素質，不是真正意義上的心理健康者。在他們的內心，也潛藏著這樣或那樣的心理問題，只是在正常情況下不曾顯現。一旦接觸負面情緒增多，很可能會引發內在的心理隱患，使之爆發出來。還有一種情況，是內心沒有強大的正念作為主導，這就很容易在治療過程中黏著於患者的情緒，從而被負面資訊所感染和傷害。

聽說國外對心理諮詢師有嚴格的認證制度。如果想從事心理諮詢方面的工作，首先要拿到相關學位。比如美國一般要求碩士以上學位，有些州還規定為博士學位。英國和澳大利亞一般要求大學本科以上學位。學位過關之後，必須進一步接受相關的專業訓練和資格考試，再經過若干年的案例督導，才能獲得心理諮詢師的從業資格。而某些心理治療學派，在給患者治療之前，諮詢師本人還要接受資深從業者的治療，從而澄清、修復和發展自身，以更健康的心理狀態面對患者，投入工作。

近年來，國外心理學界開始引入內觀、禪修等佛教修行法門，在用於心理研究

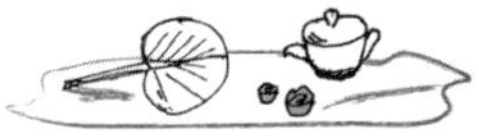

和臨床治療的同時，也作為諮詢師健全自身素質的重要課程。一個合格的心理治療師，必須具備良好的心理素質，才有能力幫助病人，而不是在治療過程中為之所轉，禍及自身。就像那些指導弟子修行的善知識，本身就應該是法的實踐者，具備指點迷津、化解煩惱的觀照力，才堪為大眾依止。否則也是泥菩薩過河，自身難保。

記者：您剛才談到佛法能起到心理輔導的作用，這種輔導是否只適合佛教徒？

濟群：佛法的心理輔導適合任何人。每個人不論身份、境況如何，都存在不同程度的迷惑煩惱。其中既有「我是誰」「生從何來，死往何去」的終極困惑，也有現實生活中的種種問題。而佛法所說的解脫，正是幫助我們超越生命中所有的迷惑和煩惱。

至於解決手段，佛法提倡對機設教。也就是說，針對不同的人，採用不同的方法。佛教有八萬四千法門，也有「法無定法」之說，可見不是只有適合佛教徒的固定模式。不論是否信仰佛教，都可以從佛法智慧中找到解決心理問題的方法。

記者：有些心理學界人士對佛法產生了濃厚興趣，但並未皈依佛教，接觸佛法的時間也不算長，他們在嘗試將佛法與心理學結合起來的時候，會不會出現理解上的偏差？

濟群：心理學家或相關從業人士，往往會從他們的角度來理解佛法，這就可能出現一些偏差。在第三屆戒幢論壇的發言中，也存在這樣的現象。但我們要看到，他們正在努力架設佛學與心理學的溝通橋樑，這是很有意義的探索。至於某些一家之言，可以在今後的交流中繼續探討。

從另一個角度來說，佛教界人士在運用心理學的相關概念時，是否都能用得準確、到位呢？恐怕也未必。

正因如此，佛教界與心理學界的交流顯得尤為重要。雙方可以互相聽取意見，消除跨行業時產生的隔閡，有助於未來能合作的更好。

記者：從戒幢論壇的交流中，有的心理學家提出，把煩惱看成虛幻不實的，就是對空

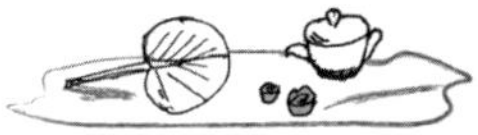

性的認識。這是否符合佛教的空性見？

濟群：能夠認識到煩惱的虛幻不實，確實和空性智慧有關。然而多數人說到煩惱虛幻不實的時候，只是一種說法，一種通過思惟而形成的理解，並不是心行的切實體證。如果僅僅停留在說法上，那是沒有多少力量的。即使我們已經從道理上懂得煩惱的虛幻不實，但當它們生起時，仍會使人受到折磨、感到痛苦，讓人陷入其中而無力自拔。所以，必須現證空性，了悟煩惱的虛幻不實，才是真正的空性見，才具備當下化解煩惱的力量。

記者：還有的心理學家提出「公案式」的心理治療方式，講一個故事讓來訪者體會，達到治療的作用。這與佛教中公案的意義不盡相同吧？

濟群：在禪宗著作中，有著大量看似費解的公案。之所以會這樣，是因為公案所記錄的修行片段，往往不是在思惟層面可以理解的，而是一種直指，一種特定的用心方法。這些公案多半記載了禪者們悟道的經歷，對於後人修行很有啟發。現代人對公案的解讀，多半只是通過分析來尋找其中的心路軌跡，從而獲得某種啟迪。作為修行的輔助手段，這也未嘗不可。

至於在心理治療中講一個哲理式的故事，使患者受到啟發，固然能使某種心結釋然，但與公案所能達到的頓悟作用還是有所不同。

記者：您覺得在第三屆戒幢論壇上，佛教界與心理學界的交流效果如何？

濟群：這種交流對佛教界和心理學界都很有意義。據我所知，類似的交流活動在國外已經開展多年，並為佛法弘揚和心理學發展都積累了不少經驗。但在中國大陸，相關交流還比較少——心理學界對佛學的關注剛剛開始，而教界也只有為數不多的法師希望通過與心理學界的交流來弘揚佛法。像戒幢論壇這樣佛教界主動與心理學界進行正式溝通，應該還是第一次。

第三屆戒幢論壇邀請的心理學家具有相當的權威性，他們不僅在各自的領域有所建樹，對佛法也並非一無所知，其中有些已經嘗試將佛法見地或修法運用在心理學研究中。而與會的教界法師和居士，在佛法理論和修證方面也頗有實力，同時對心理學多少有一些瞭解。這樣的兩群人坐在一起，就共同關心的問

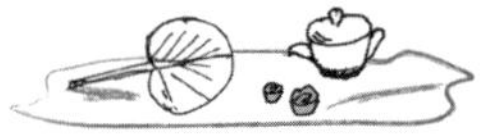

題，從各自的角度提供理論依據和解決方式，都很有收穫。

佛法，代表著傳承兩千五百多年的究竟智慧；心理學，代表著生長於當代的調心之道。在這樣的交流中，佛法可以給心理學家提供透徹心性的究竟智慧，而心理學則能提供某些人更樂於接受的方式方法，可以起到一定的互補作用。我覺得這次戒幢論壇在佛學與心理學的溝通方面邁出了重要的一步，是一個很好的開端。

12

《六祖壇經》與心理治療

——2013 年講於戒幢佛學「禪與心理治療」論壇

今年（編按：作者意指二〇一三年）是中國禪宗六祖慧能圓寂一千三百周年。中國禪宗從初祖達摩到六祖慧能，都是一脈單傳。六祖慧能之後，禪宗才「一花開五葉」，盛行於唐宋，並傳承到今天。《六祖壇經》記錄了六祖慧能的生平功業、教證之法，影響中國佛教一千多年。

太虛大師曾言：「中國佛教的特質在禪」。佛法所說的「禪」，分為禪宗的「禪」和禪定的「禪」。禪定的「禪」，是佛法與其他宗教的共法，用來修定。但禪宗的「禪」則為佛教獨有，代表覺醒的心。

佛法宗派眾多，從修行方法上，可分為漸教和頓教兩大體系。同是成佛的方法，漸教講究次第而修，而禪宗屬於頓教，不問次第也無須次第，特點是「直指人心，見性成佛」——提供至圓至高的見地，採用最直最快的方法，直截了當地體認佛法的核心，抵達覺醒的心。

對人的心理具備正確的認識，是心理治療必須具備的「見地」。見地的高度，代表心理治療師對心的認識的高度，決定著心理治療的最佳效果。從這個意義上說，禪宗的見地和方法，為解決心理問題提供了最究竟的理論依據和最直接的實踐方法。

在眾多禪宗典籍中，《六祖壇經》是一部根本性經典。如果希望立足於心理治療來瞭解和學習禪宗，《六祖壇經》是最好的入手處，因為《六祖壇經》的視角和方法，代表了禪宗核心的視角和方法。

一、凡聖只在迷悟間

凡，是指凡夫；聖，是指聖賢。

人與人的差異，可能是處世心態不同，也可能是生命品質迥異。《六祖壇經》對後者做了三種定位的解析：愚人與智者之別；凡夫和聖賢、煩惱與菩提之別；鈍根與利根之別。

發現了生命品質的差別，還須找到產生差別的生命基礎，才能明確改善生命品質的關鍵所在。對此，《六祖壇經》用兩個字直指要害，那就是「迷」與「悟」。

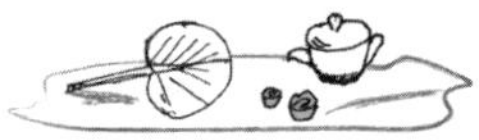

依迷悟，而有愚人與智者

智者和愚人的差別取決於什麼？《六祖壇經》這樣闡釋：「善知識！菩提般若之智，世人本自有之，只緣心迷，不能自悟，須假大善知識示導見性。當知愚人智人，佛性本無差別。只緣迷悟不同，所以有愚有智。」

能體悟到內在的生命真相、開啟覺醒的大智慧，就是智者；體悟不到生命的真相、覺醒的智慧，讓生命充滿迷惑，就是愚人、凡夫。迷惑越多，愚癡越深。

依迷悟，而有凡夫與聖賢，煩惱與菩提

凡夫與聖賢，煩惱與菩提因何而別？《六祖壇經》講道：「善知識！凡夫即佛，煩惱即菩提。前念迷即是凡夫，後念悟即佛。前念著境即煩惱，後念離境即菩提。」

「前念迷即是凡夫」，當心念陷入迷惑，此刻的生命狀態就是凡夫，就是眾生；「後念悟即是佛」，只要一念之下體悟到覺悟本性，當下就是佛。

「前念著境即煩惱」，如果充滿迷惑，陷入對外境的黏著，生命就落入煩惱的狀態；「後念離境即菩提」，一旦脫離對境界的依賴和黏著，生命就進入覺醒、菩提的狀態。

可見，凡夫和佛的差別，其實就是煩惱和菩提的差別，由當下的生命狀態是迷還是悟決定。做為不同的生命起點，迷與悟會發展出不同的人格——是愚癡，還是智慧，繼而造就不同的生命內涵——是煩惱、痛苦，還是覺醒、自在，最後呈現為不同的生命形態——是凡夫眾生，還是聖賢菩薩。

依迷悟，而有鈍根與利根

根器的鈍與利由什麼決定？《六祖壇經》講道：「善知識！小根之人聞此頓教，猶如草木。根性小者，若被大雨，悉皆自倒，不能增長。小根之人，亦復如是。元有般若之智，與大智人更無差別，因何聞法不自開悟？緣邪見障重，煩惱根深。猶如大雲覆蓋於日，不得風吹，日光不現。般若之智，亦無大小，為一切眾生，自心迷悟不

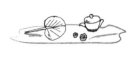

同。迷心外見，修行覓佛，未悟自性，即是小根。若開悟頓教，不執外修，但於自心，常起正見，煩惱塵勞，常不能染，即是見性。」

《六祖壇經》用心靈的塵垢來比喻根器的利鈍。所謂心靈的塵垢，是指因迷惑而給心靈製造的各種煩惱。

人的根器之所以有利鈍之別，關鍵在於心靈的塵垢是厚還是薄。如果心靈陷入迷惑，煩惱重重，就是鈍根。相反，心靈的塵垢很薄，一陣輕風就能雲開霧散，則是利根。就像很多禪宗祖師，稍加點撥就開悟了。

佛法應學人根器的鈍利之別，衍生出「漸教」「頓教」之分。上根利智之人，擊竹悟道，臨水識心，隨處都能開悟，自然可以入頓教之門。但一般人被強大的迷惑系統控制，難以直抵本心，則須「時時勤拂拭，莫使惹塵埃」，借漸修之力一點一滴地清除塵垢，最後契入本心。

改善生命品質是人類共同的願望，但首先要明確幾大核心問題：生命是怎樣發展的？生命究竟能不能加以改善？人有沒有能力改善生命、能改善到什麼程度？不同根器的生命形態分別需要採用怎樣的方法來改善？

所有這些問題，都需要對導致人與人差別的根本原因給出正確回答。

禪宗的答案雖然簡單，卻指明了生命因心靈有迷悟之別，而走上非此即彼的道路：要麼通往迷惑，輪迴不止；要麼通往覺醒，超凡入聖。

明確凡聖懸隔根源在心，對探索心靈世界、療癒心理疾病，以及改造生命品質，具有至關重要的意義。

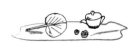

二、心理問題的根源——迷

禪宗認為一切心理問題的根源，就是「迷」。

迷，就像是走進了濃霧，它最大的特點就是使人看不清真相。迷得深的人，心靈的天空烏雲密佈，不僅障礙證道，在世俗生活中也容易產生形形色色的情緒問題，乃至大大小小的心理疾病。

迷，是迷失覺悟的本性

佛法對「迷」有多種表述，比如癡、無明等。無明，就像在夜晚關了燈，兩眼一抹黑，什麼也看不清。迷，讓人們看不清自己、看不清世界的真相，也看不清生命的真相。

生命的真相是什麼？世界的真相是什麼？這不僅是東西方宗教關心的話題，千百年來，哲學家和科學家也在苦苦探求。

人類到底如何才能認識自己？這個問題關乎生命的終極意義，也是人類永恆的追問。

看不清自己會導致什麼結果？我們會丟失自己——迷失自己的本性，迷失覺悟的本性。

迷人著相，生起種種貪著，各種煩惱由此而生

佛法基於對人性的智慧觀察，發現人類一切心理活動的展開，都是出於貪、瞋、癡三種心理。引發一切心理問題的根源，也正是貪、瞋、癡三種心靈病毒。

首先是癡，即無明。因為癡，我們不僅看不清自己、看不清世界，還會對自己產生錯誤的認定，生成所謂的「自我」。這是一切觀念錯誤、認知扭曲和心智錯亂的源頭。

然後是貪，將自己認定的那個「自我」當作生命的主人，人生的中心，對它產生執著和貪愛。人們在意「我」的美醜，關心「我」的苦樂，為了「我」的富貴舒泰忙

碌不休。這種對「自我」的貪著是導致心理問題的核心。它不僅讓人在「自我」上生出重要感、優越感和主宰欲，而且在面對滿足自我需求的物件時，毫不猶豫地生起貪著和依賴之心，比如貪財、貪食、貪名利等。

貪著和依賴，是引發一切焦慮、恐懼、沒有安全感、孤獨等心理問題的源頭。

而那些不符合「自我」需求的東西，則會讓人自動生起瞋恨。比如自我的重要感、優越感和主宰欲受到挑戰，對外在世界的判斷或認知受到衝擊時，都會令人不悅，心生瞋恨。

瞋恨，是導致不接納、對立，甚至仇恨、嫉妒、憤怒等種種破壞性情緒的源頭。

通過層層溯源，佛法探明了產生負面情緒和心理問題的來龍去脈：因為迷、癡、無明而生出錯誤的「自我」設定，繼而對「自我」生起貪著，引發貪、瞋之心；這些貪心和瞋心的火種，很容易被「順境」「逆境」點燃，最終引發一系列與之相應的負面情緒和心理問題。

知道了病因和病程，解決心理問題就能對症下藥。

首先是樹立正見，從根本上解除迷惑和無明。八正道以正見為首，就是為了讓人們如實認識生命的真相、世界的真相，擺脫對「自我」的誤解，讓貪瞋之心失去依附。

以正見為基礎，佛法設計了各種對治貪瞋之心的法門。比如在六度中，布施法門教人如何克服貪著；忍辱法門教人如何對治瞋恨，學會接納、不對立。這就能讓人面對任何事情都不陷入貪瞋之中，甚至能給予無條件的關愛和幫助。

三、心理治療的基礎認知

面對層層迷惑、重重煩惱的生命形態，普通人究竟能不能認清其形成機制？有沒有能力改變它？生命中是否具備內在的療癒潛力？這些基礎的認知問題關係到心理治療存在的價值。

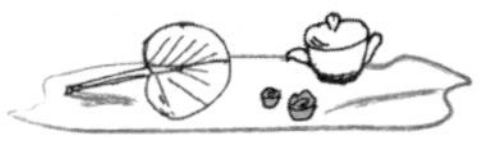

人人都有覺悟的潛質

1. 佛陀的重大發現

西方宗教通常認為，人類沒有能力自我救贖，只能仰仗萬能的神給予恩賜。但是佛法否定存在萬能的神。

釋迦牟尼佛在菩提樹下最重大的發現，就是看到每個眾生都有內在的佛性，覺悟的潛質。這就意味著從本質而言，每個人的心靈原本都是健康的，每個生命原本都具備圓滿的心，每個生命都有自我拯救的能力。

我覺得佛陀的悟道是一次發現，而不是一項發明。這個發現在人類史上的意義和作用，堪稱無與倫比——它為每一個深陷迷惑和煩惱的人帶來覺醒的希望，為徹底根治一切痛苦與心理問題帶來光明。

2.佛陀的發現也是《六祖壇經》的見地

「菩提自性，本來清淨，但用此心，直了成佛。善知識！菩提般若之智，世人本自有之，只緣心迷，不能自悟。」

禪宗以佛陀的發現作為自己的核心見地，認為佛性就像天空，煩惱就像雲霧，雲霧飄忽不定、來去隨風，但心的本質一如無雲晴空，寂然不動，一片湛藍。

「菩提自性，本來清淨。但用此心，直了成佛。」《六祖壇經》用這個偈頌告訴人們，每個人的菩提自性，既是覺悟的本性，也是心的本質。它本來就是清淨、圓滿、健康的。修行所要做的，就是去體認它。一旦體認到這個自性清淨的心，也就成佛了。

因此，在禪宗看來，修行並非另造一個原本不存在的東西，一方面未必能造出來，另一方面，另造的反倒並不是它，因為它本來就有。修行是開啟每個人生命中本來就有、一直都在的寶藏，只要找對路徑，就一定能成就。

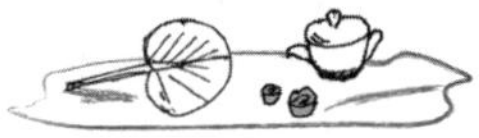

心的本質是清淨、圓滿的

1.《六祖壇經・序品》中六祖所悟之心

《六祖壇經・序品》記載，六祖慧能向五祖弘忍報告自己的悟道心得：惠能言下大悟：一切萬法不離自性。遂啟祖言：「何期自性，本自清淨！何期自性，本不生滅！何期自性，本自具足！何期自性，本無動搖！何期自性，能生萬法！」

悟道後的六祖看到了什麼？他看到了我們每個人生命內在的覺悟本性。它清淨、圓滿、獨立、不受外界干擾；它能生萬法、妙用無窮，同時又心無所住、無有黏著。

2.《六祖壇經・般若品》中般若的特徵

般若智慧有哪些特徵？《六祖壇經・般若品》這樣描述：「何名摩訶？摩訶是大。心量廣大，猶如虛空，無有邊畔，亦無方圓大小，亦非青黃赤白，亦無上下長短，亦無瞋無喜，無是無非，無善無惡，無有頭尾。諸佛刹土，盡同虛空。世人妙性本空，無有一法可得。自性真空，亦復如是。」

這是對般若智慧無相、無限的特徵的描述。

「善知識！莫聞吾說空，便即著空。第一莫著空，若空心靜坐，即著無記空。」

從空與有的角度而言，般若智慧既非空，亦非有。

「善知識！世界虛空，能含萬物色像。日月星宿、山河大地、泉源溪澗、草木叢林、惡人善人、惡法善法、天堂地獄、一切大海、須彌諸山，總在空中。世人性空，亦復如是。善知識！自性能含萬法是大，萬法在諸人性中。若見一切人惡之與善，盡皆不取不捨，亦不染著，心如虛空，名之為大，故曰摩訶。」

般若智慧能含萬法，卻不染一法。

「善知識！迷人口說，智者心行。又有迷人，空心靜坐，百無所思，自稱為大。此一輩人不可與語，為邪見故。善知識！心量廣大，遍周法界。用即了了分明，應用便知一切。一切即一，一即一切，去來自由，心體無滯，即是般若。」

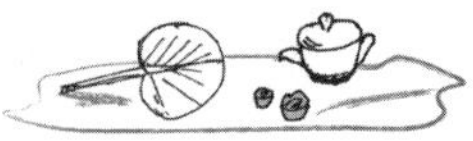

最後，般若智慧能了知一切，又不染著一切。

《六祖壇經・般若品》以虛空為妙喻，來開顯般若的特徵。比如它講心量廣大，有多大呢？——猶如虛空！讓人對玄奧的般若二字頓感親切自然。那麼般若有哪些特點「猶如虛空」呢？

首先，它是無限的，像虛空一樣沒有邊際；第二，它有無相的特點，虛空也一樣；第三，它像虛空一樣包容、含藏一切；第四，它「正知」的功能，如虛空般遍及一切，卻不住一切。佛陀十大名號中的「正遍知」，就是指般若智慧遍知一切而不生黏著，虛空也同樣如此，正所謂「長空不礙白雲飛」。

凡夫的心為什麼會四處黏著？是源於貪，這是凡夫心的「標準配備」。學佛的人常勸別人「不要執著」，說說自然容易，做起來卻很難。難就難在很多人從未認真思考過，黏著的心是如何養成的？

其實，黏著的心，以迷惑系統為依賴，以貪、瞋、癡為心理基礎。黏著程度直接取決於貪愛和依賴的程度。依賴越深，黏著就越深；黏著越深，被「控」就越深。

如何真正做到不黏著？一是雖未斷除迷惑，但對外在世界看淡了，依賴減輕了——雲淡風輕，坐看雲起。另一種則是真正體會到覺悟本性，一切都黏不上了。安住於覺性的心，像鏡子一樣遍照一切，卻不留半分，物來影現，物去無痕。

佛法開示般若智慧的目的，正是用來使學人看清自己、看清世界，從而弱化對自我、對世界的貪著。

比如《金剛經》，處處都宣講無我的道理——「無我相，無人相，無眾生相，無壽者相」，《心經》更是一無到底，「……無眼耳鼻舌身意……無智亦無得」。無我，並不是說「我」這個人不存在，而是要走出對自我的錯誤設定，減少對自我的執著。

同樣，只有正確認識外在世界是無我的，是條件關係的假象，是如夢如幻的，才能減少對外在世界的執著。

當我們對自我、對世界不再有錯誤的執著和依賴，貪心就能減弱，就能最終回歸心的本來，保有內在的超然、清淨、自在。

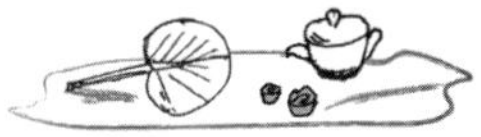

每個人都有自我治療的能力

立足於「菩提自性，本來清淨」，禪宗的修行是直接啟動自悟和自度之力。

《六祖壇經》重視師度，肯定大善知識引導的重要性，但更強調自度是關鍵。善知識再高明，學人如果不求自悟、不知自度，專等大善知識代為解脫，肯定是行不通的。

惠能云：「迷時師度，悟了自度。度名雖一，用處不同。惠能生在邊方，語音不正。蒙師傳法，今已得悟。只合自性自度。」

「若自不悟，須覓大善知識，解最上乘法者，直示正路。是善知識有大因緣，所謂化導令得見性。一切善法，因善知識能發起故。三世諸佛，十二部經，在人性中本自具有。不能自悟，須求善知識指示方見。若自悟者，不假外求。若一向執謂須他善知識，望得解脫者，無有是處。何以故？自心內有知識自悟。若起邪迷，妄念顛倒，外善知識雖有教授，救不可得。若起正真般若觀照，一剎那間，妄念俱滅。若識自性，一悟即至佛地。」

如果說「菩提自性，本自清淨」的基礎認知，能幫助建立對心理治療的信心，那麼了知每一個人都具備自我治療、自我拯救的能力，則能讓人對禪宗的頓悟之法心生嚮往。

每個人固然都有菩提自性，但怎樣才能體認它？必須靠般若智慧。

佛法所說的般若智慧，分文字般若、觀照般若和實相般若三種。大家熟悉的內觀禪修，多數停留在觀照般若的層面，離不開有造作的第六意識。禪宗所講的禪修，則是直接立足於實相般若，去體會沒有造作的心。立足於無造作的心進行禪修，能更徹底、直接且快速地解決心理問題。

禪宗所講的自我拯救的能力，就來自這個無造作的心，它只能靠自己去體證，不能靠佛菩薩、大善知識贈予。凡夫的心陷入迷惑，僅靠自己無法體悟本心、抵達覺醒的時候，確實需要借大善知識「令得見性」——但只是給予引導和幫助，而不是替代。得到善知識指明道路後，必須親自去踐行。因為真正體悟本心要靠自己；真正解

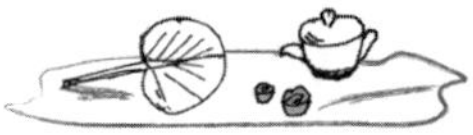

決心理問題也要靠自己，所謂「迷時師度，悟了自度」。自己不努力而一味指望善知識解救自己，《六祖壇經》中講「無有是處」。

這也適用於對心理治療的基礎認知：心理問題到底是患者自己解決的，還是被心理醫生解決的？心理醫生究竟起什麼作用？我覺得這些問題的答案，與佛教的修行有相通之處。

在心理疾病高發的當今時代，《六祖壇經》為心理治療提供的三個基礎認知，有著獨特而現實的意義。

四、心理治療的方法

整個禪宗修行的要領，《六祖壇經》總結為三句話：「無念為宗。無相為體。無住為本。」第一句是目標，第二句是認識，第三句是方法。

可以說，這三句話為心理治療提供了至高至頓的方法論。

無念為宗

禪宗的修行，以體認無念的心體——般若——為宗旨。無念，不是杜絕念頭的意思，而是說般若智慧不以念頭的方式呈現。它超越念頭，又能產生一切念頭，念而不念，不念而念，妙用無窮。

一旦體認到無念心體，開發出內在覺醒的心，一切心理問題自然會被消解。

無相為體

無相為體，是對覺性、空性的認識，即覺悟的本性是無限、無相，非空、非有。

《六祖壇經》是立足於《金剛經》而形成的經典，對無相的認識，不妨結合《金剛經》《心經》等般若經典來理解。

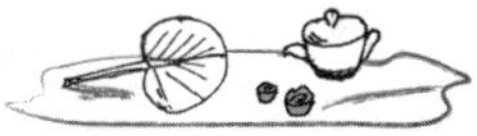

1.認識空性，破除對於實有的執著

在導致心理問題的種種迷惑中，最重要的錯誤認知是自性見。所謂自性見，就是認為有不可分、不變且實有的存在。凡夫會把自己認識到的「五蘊」，即色、受、想、行、識，當成是「我」並執為實有，而這個「我」會進一步對自己所看到的一切，從自我本身到外在世界，都會產生自性見和真實感。

其實，無論是《心經》講「色即是空」還是現代物理學的最新發現，都在告訴我們，無論外在的世界還是自己的生命，都不是不可分割的實體。但凡夫無始以來都被牢牢地困蔽於自性見中，因自性見而執著實實在在的自我、實實在在的外在世界，進而生起貪著或瞋恨之心，一旦面對順逆境界，隨時都會引發負面情緒和心理問題。

無法擺脫自性見，是產生一切心理問題的認知根源。只有認識空性，才能破除對實有的執著。

2. 認識無相，破除認知上的實有和偏空

禪宗以無相為體，引導學人建立無相的認識，正是對自性見的徹底否定，對執著實有的徹底破除。

一方面，無相能否定對外在皆實有的執著。《金剛經》講：「實相者，即是非相。」依據中觀的般若智慧，一切法無自性，那些我們以為實有的自性見，事實上並不存在。「非相」所要否定的不是現實存在的現象，而是要否定人們在現實的現象上產生的實有的、不變的認知，讓貪瞋之心無處立足。

另一方面，建立起無相的認識，就能了知無念的心體、覺醒的心是無相的，它「非空非有」——既非實有，不以任何實有的方式存在，也非頑空，而是妙用無窮。

無住為本

具備無相的認識，就可以通過無住的方法，抵達心的覺醒。

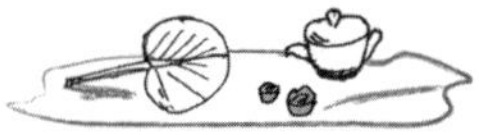

何為無住？《六祖壇經》云：「無住者，人之本性。於世間善惡好醜，乃至冤之與親，言語觸刺欺爭之時，並將為空，不思酬害。念念之中，不思前境。若前念今念後念，念念相續不斷，名為繫縛。於諸法上，念念不住，即無縛也。此是以無住為本。」

無住，就是心不去黏著任何物件。這正是禪宗教人體會覺悟本性的用心方法，直接超越對二元對立的執著。二元對立是平常人的認知特徵，總要區分有與無、好與壞、美與醜、垢與淨等等。無住的修行則讓人直接去體認本心：一切二元對立的現象都是條件和合的假象，沒有固定不變的實體。

面對二元對立的假象，只要心有所住，就會非貪即瞋。比如美與醜，如果對美有所貪愛，對醜就會心生抵觸。因此，只有充分認識到一切現象都是條件的假象，才能跳出二元對立，做到心無所住。

無住有正反兩層意義。一方面，不執著二元對立的外在世界，就不會對其產生依賴，心就容易保持獨立和清淨，能回歸本有的覺性；反之，如果對二元世界充滿執著，則會陷入貪著，引發煩惱，落入迷惑的系統。

禪宗的頓悟法門，直接超越二元對立，能徹底遠離對自我和對世界的執著，擺脫貪瞋，契入覺性。六祖本人也是因聞誦《金剛經》中的「應無所住，而生其心」，當下悟道。做為禪宗修行的準則，無住貫穿整個《六祖壇經》，也貫穿整個禪宗。

在修行引導上，《六祖壇經》處處都在開顯不二法門。

六祖接引惠明：「不思善、不思惡。」……

六祖為印宗法師說《涅槃經》——宗復問曰：「黃梅付囑，如何指授？」惠能曰：「指授即無，惟論見性，不論禪定解脫。」宗曰：「何不論禪定解脫？」能曰：「為是二法，不是佛法。佛法是不二之法。」

不二，是對「二」的超越。一旦去除了對二元對立的執著，就能斷煩惱、見本心，徹底解決心理問題，達到心理治療的最高療效——成為圓滿的佛陀，成為真正意義上的心理健康者。

如果從心理治療的視角來看，禪宗就是以頓悟療法完成自我療癒的心理治療體系。「無念為宗、無相為體、無住為本」，是這個頓悟療法的方法體系——以無相為認識，以無住為方法，超越二元，擺脫執著，最終契入無念的心體。然後立足於無念的心體來清除生命中一切的迷惑和煩惱，成就健康圓滿的生命品質。

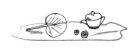

五、總結

作為頓教經典，《六祖壇經》立足於迷與悟，指出心理問題的根源。同時依據對覺悟本性的見地，提出了直抵根源的方法，徹底解決心理問題。從心理治療的視角研習《六祖壇經》，認識禪宗對心理治療的價值，對當今時代具有重要意義。

13

交流討論

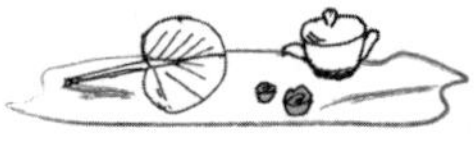

中荷永：謝謝濟群法師！我是榮格心理分析師，給大家分享個故事。剛才法師提到太虛法師，他有一個好朋友叫衛禮賢。衛禮賢在中國生活了二十多年，被稱為是「發現中國內在世界的馬可・波羅」。他不僅幫助太虛法師西行傳法，同時也是榮格的中國老師。他曾在文章中說，我在中國遇見了榮格。可是榮格並沒來過中國。他說，榮格是慧能的化身。

徐光興：我聽得非常感動、歡喜，越聽越清醒，仿佛不是聽進耳朵裡，而是聽到了身體裡。心理學家也一直在研究《六祖壇經》。但濟群法師從心理治療的角度給出解讀，實屬研究上的創舉，令我非常受益。

法師說，心理障礙的根源首先在於內心的癡迷和不覺悟。我想，我們接訪時做心理診斷，應該就是在測評來訪者迷妄的程度：是只對外在事物的真相和本質看不清，迷妄在外？還是對自己的內在本性看不清楚，迷妄在內？還是對群體的生命本性——就是榮格所講的人類共同、普遍的意識，生命的流向——看不清楚，悲觀、厭世，乃至絕望？

還有迷惑與業的關係問題。心理學解釋人的日常行為時，會考慮文化環境的因素。東西方文化環境不同，人所受到的文化汙染也不同。同時還會考慮個人的性格和生活習慣的影響，這應該就是佛法所講的業。我覺得，迷妄與業之間可能還會相互影響。

剛才法師說，生命覺醒之前，先要有內心人格的覺醒。心理治療有可能做到人格覺醒，看來還不夠。如何才能進一步發展到整個生命的覺醒？我想請法師再進一步開示。

濟　群：佛教把染汙總體分為三類：業的染汙（業雜染）、煩惱的染汙（煩惱雜染）、果報的染汙（生雜染）。其中，煩惱的染汙，是對心靈造成的困擾，又叫惑；業的染汙，是由行為產生的困擾；果報的染汙，則是心靈和行為的結果所造成，表現為生死相續的苦果。普通人的生命就是在惑、業、苦當中輪迴，因為它以迷惑為基礎，所以業和果報也都是迷惑、染汙的。

煩惱、業、果報的根源還是無明。一旦體悟到本心，無明就能被解除，業和

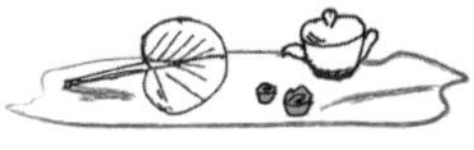

果報也會逐步得到淨化。悟道之後，雖然心會有清醒的時候，但過去積累了強大的染汙慣性，所以見道之後還要修道，才能逐步擺脫並清除過去存積的迷惑和煩惱。佛教對這個過程有完整的說明。

吳和鳴：我想就「以體認無念的心體為宗旨——以沒有造作的心見到這個心」，請濟群法師開示。

濟　群：沒有造作的心，代表覺悟的本性，是覺醒的心的自然狀態。佛法所有的修行都指向解除迷惑，這是佛法的重點。禪宗是立足於直接認識這個沒有造作的、覺醒的心。

直接體悟覺醒的心、沒有造作的心，它可以很簡單、很自然就能做到，因為當下的心，就代表生命的本來面目。所以禪宗經常說，「青青翠竹，盡是法身；鬱鬱黃花，無非般若」。因為它是現成的，簡直就是「百草頭上祖師意」，不需要另外做任何努力，太容易了！

但是對充滿迷惑的生命來說，造作的模式已然形成慣性，而且始終被迷惑和煩惱的「串習」強力裹挾，現在要去認識那個自然本有、沒有造作的心，反倒很陌生，所以必須通過很多刻意造作的修行，才能突破重重包圍。很多人不理解為什麼禪宗祖師說起見性時，一時說易如反掌，一時說千難萬難？其實是因為所指點的學人因緣各異，難易程度自然不同。

韓　岩：我想請教法師：貪、瞋、癡，與情緒是什麼關係？這裡面有幾個突出的疑點。心理學普遍認為：人類的幾種基本情緒，如悲傷、憤怒等，是沒有好壞之分的。它們在情緒生起的階段，一般很難控制，因為等覺察到就已經滯後了。所以心理治療會在覺察到情緒後的處理方面下功夫，包括類似體驗空性的嘗試等。

我的疑問是：如果說基本情緒本身沒有好壞，那它與貪、瞋、癡是什麼關係？貪、瞋、癡是情緒嗎？貪、瞋、癡是基本情緒，還是基本情緒之外的另一種心理狀態？

濟　群：心理學解決人的心理問題的範疇，似乎是在貪、瞋、癡之後。因為心理學認為「正常」的貪、瞋、癡是可以接受的。比如正常的貪不會產生過多負面情緒，適度的瞋也不會引發心理疾病，只有貪著和瞋恨過度了，才成為引發心理問題的源泉。

而佛法是對心理問題追根溯源，發現這個根源是與貪著、瞋恨有關的，而貪和瞋又與癡有關，有其錯誤的認知根源。找到了源頭，先從重建正確認知入手，再通過禪修解決貪和瞋，繼而解決癡的問題，最後從根本上斷除一切負面情緒和不良人格。

我想這可能就是佛教與心理學的差異所在。之所以說佛教是究竟的心理學，原因可能也是在這裡。

韓　岩：感謝法師！我還有一個問題：一個人頓悟以後，還有沒有情緒？

濟　群：悟道僅僅代表修行達到了一個非常重要的階段，修行者有了看清楚自己的能力，在情緒中可以自主，知道怎麼解決情緒問題。但是悟道之後還要修道，就是禪宗講的「保任」，要熟悉這個覺悟本性，讓內在的、正向的、覺醒的力量越來越強大，那麼清理內心迷惑和種種情緒的能力也會增強。剛悟道的人對覺悟本性還不熟悉，看上去與普通人似乎也沒太大差別。

申荷永：心理學所講的情緒，包含認知、態度和一般情緒反應。實際上，剛才法師所說的貪、瞋、癡，可能不是心理學中所說的情緒，而是這些情緒背後的東西。覺悟以後的人，即使還有情緒，我想也應該不是心理學意義上狹義的情緒。

濟群法師著作系列

修學引導叢書

《探索》
《走近佛陀》
《道次第之道》
《菩提大道——《菩提道次第略論》講記》
《菩提心與普賢行願》
《尋找心的本來》
《你也可以做菩薩——《入菩薩行論》講記》
《學著做菩薩——《瑜伽菩薩戒品》講記》
《真理與謬論——《辯中邊論》解讀》
《認識與存在——《唯識三十論》解讀》
《超越「二」的智慧——《心經》《金剛經》解讀》
《開啟內在智慧的鑰匙——《六祖壇經》解讀》

智慧人生叢書

《你也可以這樣活著》
《心，才是幸福的關鍵》

《我們誤解了這個世界》
《我們誤解了自己》
《經營企業與經營人生》
《造就美好的自己》
《走出生命的迷霧》
《禪語心燈》
《怎麼過好這生活》
《有疑惑，才能開悟》

以戒為師叢書

《認識戒律》
《戒律與佛教命脈——標宗顯德篇解讀》
《僧伽禮儀及塔像製造——僧像致敬篇解讀》
《出家剃度及沙彌生活——沙彌別行篇解讀》
《比丘資格的取得——受戒緣集篇解讀》
《僧伽的教育問題——師資相攝篇解讀》
《僧伽的自新大會——說戒正儀篇解讀》
《僧團的管理制度——僧網大綱篇解讀》
《僧伽的定期潛修——安居策修篇解讀》
《僧格的年檢——自恣宗要篇解讀》
《戒律與僧伽生活》

橡樹林文化 ❖❖ 善知識系列 ❖❖ 書目

JB0114	正念的四個練習	喜戒禪師◎著	300 元
JB0115	揭開身心的奧秘：阿毗達摩怎麼說？	善戒禪師◎著	420 元
JB0116	一行禪師講《阿彌陀經》	一行禪師◎著	260 元
JB0117	一生吉祥的三十八個祕訣	四明智廣◎著	350 元
JB0118	狂智	邱陽創巴仁波切◎著	380 元
JB0119	療癒身心的十種想——兼行「止禪」與「觀禪」的實用指引，醫治無明、洞見無常的妙方	德寶法師◎著	320 元
JB0120	覺醒的明光	堪祖蘇南給稱仁波切◎著	350 元
JB0121	大圓滿禪定休息論	大遍智　龍欽巴尊者◎著	320 元
JB0122	正念的奇蹟（電影封面紀念版）	一行禪師◎著	250 元
JB0123	一行禪師　心如一畝田：唯識 50 頌	一行禪師◎著	360 元
JB0124	一行禪師 你可以不生氣：佛陀的最佳情緒處方	一行禪師◎著	250 元
JB0125	三句擊要： 以三句口訣直指大圓滿見地、觀修與行持	巴珠仁波切◎著	300 元
JB0126	六妙門：禪修入門與進階	果煜法師◎著	400 元
JB0127	生死的幻覺	白瑪格桑仁波切◎著	380 元
JB0128	狂野的覺醒：大手印與大圓滿之旅	竹慶本樂仁波切◎著	400 元
JB0129	禪修心經——萬物顯現，卻不真實存在	堪祖蘇南給稱仁波切◎著	350 元
JB0130	頂果欽哲法王　上師相應法	頂果欽哲法王◎著	320 元
JB0131	大手印之心：噶舉傳承上師心要教授	堪千創古仁波切◎著	500 元
JB0132	平心靜氣： 達賴喇嘛講《入菩薩行論》〈安忍品〉	達賴喇嘛◎著	380 元
JB0133	念住內觀：以直觀智解脫心	班迪達尊者◎著	380 元
JB0134	除障積福最強大之法——山淨煙供	堪祖蘇南給稱仁波切◎著	350 元
JB0135	撥雲見月：禪修與祖師悟道故事	釋悟因◎著	350 元
JB0136	醫者慈悲心：對醫護者的佛法指引	確吉．尼瑪仁波切 大衛．施林醫生 ◎著	350 元
JB0137	中陰指引——修習四中陰法教的訣竅	確吉．尼瑪仁波切◎著	350 元
JB0138	佛法的喜悅之道	確吉．尼瑪仁波切◎著	350 元
JB0139	當下了然智慧：無分別智禪修指南	確吉．尼瑪仁波切◎著	360 元

JB0140	生命的實相—— 以四法印契入金剛乘的本覺修持	確吉．尼瑪仁波切◎著	360 元
JB0141	邱陽創巴仁波切 當野馬遇見馴師：修心與慈觀	邱陽創巴仁波切◎著	350 元
JB0142	在家居士修行之道—— 印光大師教言選講	四明智廣◎著	320 元
JB0143	光在，心自在 〈普門品〉陪您優雅穿渡生命窄門	釋悟因◎著	350 元
JB0144	剎那成佛口訣——三句擊要	堪祖蘇南給稱仁波切◎著	450 元
JB0145	進入香巴拉之門—— 時輪金剛與覺囊傳承	堪祖嘉培珞珠仁波切◎著	450 元
JB0146	（藏譯中）菩提道次第廣論： 抉擇空性見與止觀雙運篇	宗喀巴大師◎著	800 元
JB0147	業力覺醒：揪出我執和自我中心， 擺脫輪迴束縛的根源	圖丹．卻准◎著	420 元
JB0148	心經——超越的智慧	密格瑪策天喇嘛◎著	380 元
JB0149	一行禪師講《心經》	一行禪師◎著	320 元
JB0150	寂靜之聲——知念就是你的皈依	阿姜蘇美多◎著	500 元
JB0151	我真正的家，就在當下—— 一行禪師的生命故事與教導	一行禪師◎著	360 元
JB0152	達賴喇嘛講三主要道—— 宗喀巴大師的精華教授	達賴喇嘛◎著	360 元
JB0153	輪迴可有道理？—— 五十三篇菩提比丘的佛法教導	菩提比丘◎著	600 元
JB0154	一行禪師講《入出息念經》： 一呼一吸間，回到當下的自己	一行禪師◎著	350 元
JB0155	我心教言——敦珠法王的智慧心語	敦珠仁波切◎著	380 元
JB0156	朗然明性： 藏傳佛教大手印及大圓滿教法選集	蓮花生大士、伊喜．措嘉、 龍欽巴、密勒日巴、祖古．◎著 烏金仁波切等大師	400 元
JB0157	跟著菩薩發願：普賢行願品淺釋	鄔金智美堪布◎著	400 元
JB0158	一行禪師　佛雨灑下—— 禪修《八大人覺經》《吉祥經》 《蛇喻經》《中道因緣經》	一行禪師◎著	380 元

金翅鳥系列　JZ05

心，才是幸福的關鍵

作　　者／濟群法師
責任編輯／陳芊卉
業　　務／顏宏紋

總 編 輯／張嘉芳
出　　版／橡樹林文化
城邦文化事業股份有限公司
104 台北市民生東路二段 141 號 5 樓
電話：(02)2500-7696 #2738　傳真：(02)2500-1951
發　　行／英屬蓋曼群島商家庭傳媒股份有限公司城邦分公司
104 台北市中山區民生東路二段 141 號 5 樓
客服服務專線：(02)25007718；25001991
24 小時傳真專線：(02)25001990；25001991
服務時間：週一至週五上午 09:30 ～ 12:00；下午 13:30 ～ 17:00
劃撥帳號：19863813　戶名：書虫股份有限公司
讀者服務信箱：service@readingclub.com.tw
香港發行所／城邦（香港）出版集團有限公司
香港九龍九龍城土瓜灣道 86 號順聯大廈 6 樓 A 室
電話：(852)25086231　傳真：(852)25789337
Email:hkcite@biznetvigator.com
馬新發行所／城邦（馬新）出版集團【Cité (M) Sdn.Bhd. (458372 U)】
41, Jalan Radin Anum, Bandar Baru Sri Petaling,
57000 Kuala Lumpur, Malaysia.
Tel:(603)90563833　Fax:(603)90576622
Email:services@cite.my

內　　文／菩薩蠻電腦科技有限公司
封　　面／夏魚
印　　刷／中原造像股份有限公司

初版一刷／ 2024 年 1 月
ISBN ／ 978-626-7219-78-2
定價／ 380 元

城邦讀書花園
www.cite.com.tw

國家圖書館出版品預行編目（CIP）資料

心，才是幸福的關鍵／濟群法師著. -- 初版. --
臺北市：橡樹林文化，城邦文化事業股份有限公司出版：英屬蓋曼群島商家庭傳媒股份有限公司城邦分公司發行，2024.01
面；　公分. --（金翅鳥系列；JZ05）
ISBN 978-626-7219-78-2（平裝）

1. CST: 佛教修持　2.CST: 佛教說法

225.4　　112019302

廣　告　回　函
北區郵政管理局登記證
北 台 字 第 10158 號
郵資已付　免貼郵票

104 台北市中山區民生東路二段 141 號 5 樓

城邦文化事業股份有限公司
橡樹林出版事業部　收

請沿虛線剪下對折裝訂寄回，謝謝！

橡樹林

書名：心，才是幸福的關鍵　書號：JZ05

橡樹林文化
讀者回函卡

感謝您對橡樹林出版社之支持，請將您的建議提供給我們參考與改進；請別忘了給我們一些鼓勵，我們會更加努力，出版好書與您結緣。

姓名：________________　□女　□男　　生日：西元________年

Email：________________________________

●您從何處知道此書？

□書店　□書訊　□書評　□報紙　□廣播　□網路　□廣告 DM　□親友介紹

□橡樹林電子報　□其他________

●您以何種方式購買本書？

□誠品書店　□誠品網路書店　□金石堂書店　□金石堂網路書店

□博客來網路書店　□其他________

●您希望我們未來出版哪一種主題的書？（可複選）

□佛法生活應用　□教理　□實修法門介紹　□大師開示　□大師傳紀

□佛教圖解百科　□其他________

●您對本書的建議：

____

____

____

____

____

我已經完全瞭解左述內容，並同意本人資料依上述範圍內使用。

________________（簽名）

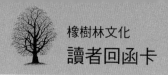